高等职业教育数字商务高水平专业群系列教材
编写委员会

总主编

张宝忠　　浙江商业职业技术学院原校长
　　　　　全国电子商务职业教育教学指导委员会副主任委员

执行总主编

王　慧　　浙江同济科技职业学院

副总主编

吴洪贵	江苏经贸职业技术学院	陈　亮	江西外语外贸职业学院
张枝军	浙江商业职业技术学院	金渝琳	重庆工业职业技术学院
景秀眉	浙江同济科技职业学院	王庆春	昆明冶金高等专科学校
曹琳静	山西职业技术学院	徐林海	南京奥派信息产业股份公司

编　委（按姓氏拼音排序）

陈　宏	黑龙江建筑职业技术学院	罗天兰	贵州职业技术学院
陈煜明	上海电子信息职业技术学院	毛卓琳	江西外语外贸职业学院
顾玉牧	江苏航运职业技术学院	孟迪云	湖南科技职业学院
关善勇	广东科贸职业学院	宋倩茜	潍坊工程职业学院
胡晓锋	浙江同济科技职业学院	童晓茜	昆明冶金高等专科学校
皇甫静	浙江商业职业技术学院	王斐玉	新疆能源职业技术学院
蒋　博	陕西职业技术学院	王　皓	浙江同济科技职业学院
金玮佳	浙江同济科技职业学院	魏　頔	陕西能源职业技术学院
李晨晖	浙江同济科技职业学院	吴　凯	绍兴职业技术学院
李洁婷	云南交通职业技术学院	余　炜	杭州全新未来科技有限公司
李　乐	重庆工业职业技术学院	张栩菡	浙江同济科技职业学院
李　喜	湖南商务职业技术学院	张宣建	重庆交通职业学院
李　瑶	北京信息职业技术学院	张子扬	浙江同济科技职业学院
李英宣	长江职业学院	赵　亮	武汉船舶职业技术学院
林　莉	南充职业技术学院	赵　琼	广东科贸职业学院
刘　丹	武汉外语外事职业学院	郑朝霞	赤峰工业职业技术学院
刘　红	南京城市职业学院	周　聪	浙江同济科技职业学院
刘　兰	安徽智信云教育科技有限公司	周　蓉	武汉职业技术大学
刘婉莹	西安航空职业技术学院	周书林	江苏航运职业技术学院
柳学斌	天府新区信息职业学院	周月霞	杭州新雏鹰知识产权代理有限公司
卢彰诚	浙江商业职业技术学院	朱林婷	浙江商业职业技术学院
陆春华	上海城建职业学院	朱柳栓	浙江商业职业技术学院

高等职业教育数字商务高水平专业群系列教材

总主编：张宝忠

财税基础

主　编：童晓茜（昆明冶金高等专科学校）
　　　　胡晓锋（浙江同济科技职业学院）
副主编：车　蒙（昆明冶金高等专科学校）
　　　　杨雯婷（云南财经职业学院）
　　　　张奕畅（浙江同济科技职业学院）
　　　　李　飑（昆明冶金高等专科学校）
参编者：钟　清（云南财经职业学院）
　　　　温棋婷（昆明冶金高等专科学校）
　　　　柳学斌（天府新区信息职业学院）
　　　　钱怡伽（昆明冶金高等专科学校）

华中科技大学出版社
http://press.hust.edu.cn
中国·武汉

内容提要

本书主要包括会计基础知识与技能、税收基础知识与技能两个模块的内容。通过学习本书，学生能具备一定的财税素养，掌握会计核算及税收基本知识，了解企业账务处理的基本流程和会计信息生成机制，熟悉会计信息载体的应用，具备搜集、整理、加工企业经济活动信息的能力及纳税实务操作能力。本书能够帮助学生深刻认识到财税基础知识与实务操作对专业发展的重要性及其与相关课程的联系，引导学生建立正确使用财税知识支持企业运营管理和决策的基本观念，使学生初步具备将财税知识应用于实际工作场景的能力。本书致力于通过理论与实践相结合的方式，助推复合型、创新型高素质技术技能人才培养。

图书在版编目(CIP)数据

财税基础 / 童晓茜，胡晓锋主编. -- 武汉：华中科技大学出版社，2025.1. --（高等职业教育数字商务高水平专业群系列教材）. -- ISBN 978-7-5772-1428-3

Ⅰ．F810

中国国家版本馆 CIP 数据核字第 20241JS804 号

财税基础　　　　　　　　　　　　　　　　　　　　　童晓茜　胡晓锋　主编
Caishui Jichu

策划编辑：张馨芳　宋　焱
责任编辑：张梦舒　肖唐华
封面设计：廖亚萍
版式设计：赵慧萍
责任校对：张汇娟
责任监印：周治超
出版发行：华中科技大学出版社（中国·武汉）　　　电话：(027) 81321913
　　　　　武汉市东湖新技术开发区华工科技园　　　邮编：430223
录　　排：华中科技大学出版社美编室
印　　刷：湖北新华印务有限公司
开　　本：787mm×1092mm　1/16
印　　张：12.5　　插页：2
字　　数：300 千字
版　　次：2025 年 1 月第 1 版第 1 次印刷
定　　价：49.90 元

本书若有印装质量问题，请向出版社营销中心调换
全国免费服务热线：400-6679-118　　竭诚为您服务
版权所有　侵权必究

网络增值服务

使用说明

欢迎使用华中科技大学出版社人文社科分社资源网

1 教师使用流程

（1）登录网址：http://rwsk.hustp.com （注册时请选择教师身份）

注册 → 登录 → 完善个人信息 → 等待审核

（2）审核通过后，您可以在网站使用以下功能：

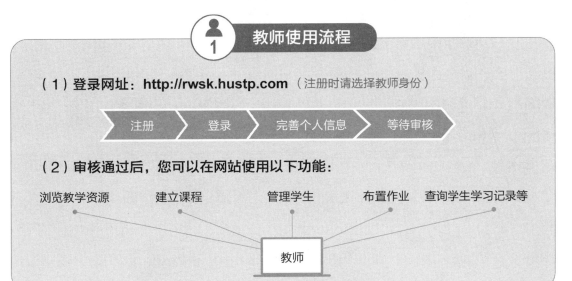

2 学员使用流程

（建议学员在PC端完成注册、登录、完善个人信息的操作）

（1）PC端学员操作步骤

① 登录网址：http://rwsk.hustp.com （注册时请选择学生身份）

② 查看课程资源：（如有学习码，请在个人中心-学习码验证中先验证，再进行操作）

（2）手机端扫码操作步骤

如申请二维码资源遇到问题，可联系编辑宋焱：15827068411

总 序

以数字经济为代表的新经济已经成为推动世界经济增长的主力军。数字商务作为先进的产业运营方法，以前沿、活跃、集中的表现方式，助推数字经济快速增长。在新的发展时期，我国数字商务的高速发展能有效提升产业核心竞争力，对我国经济的高质量发展有重要的意义。在此背景下，数字商务职业教育面临愈加复杂和重要的育人育才责任。

（一）新一代信息技术推动产业结构快速迭代，数字经济发展急需数字化人才

职业教育最重要的特质与属性就是立足产业与经济发展的需求，为区域经济转型和高质量发展提供大量高素质技术技能人才。以大数据、云计算、人工智能、区块链和5G技术等为代表的新一代信息技术，全方位推动整个社会产业经济结构由传统经济向数字经济快速迈进。数字经济已经成为推动世界经济增长的主力军。

产业数字化是数字经济中占比非常大的部分。在产业数字化中，管理学和经济学领域新技术、新方法、新业态、新模式的应用带来了较快的产业增长和效率提升。过去十年，中国数字经济发展迅速，增长速度远远高于同期GDP增长率。

持续发展的通信技术、庞大的人口基数、稳固的制造业基础以及充满活力的巨量企业是中国数字经济持续向好发展的基础与保障，它们使得中国数字经济展现出巨大的增长空间。数字经济覆盖服务业、工业和农业各领域，企业实现数字化转型成为必要之举，熟悉数字场景应用的高素质人才将成为未来最为紧缺的要素资源。因此，为企业培养和输出经营、管理与操作一线人才的职业教育急需做出改变。

（二）现代产业高质量发展，急需明确职业教育新定位、新目标

2019年以来，人力资源和社会保障部会同国家市场监督管理总局、国家统计局正式发布多批新职业，其中包括互联网营销师、区块链工程技术人员、信息安全测试员、在线学习服务师等市场需求迫切的新职业。这些新职业具有明确的培养目标和课程体系，对培养什么样的人提出了明确的要求。

专业升级源自高质量发展下的产业升级。在全球数字化转型的背景下，如何将新一代信息技术与专业、企业、行业各领域深度融合，对新专业提出了新要求。2021年3月，教育部印发了《职业教育专业目录（2021年）》。该专业目录通过对接现代产业体

系，主动融入新发展格局，深度对接新经济、新业态、新技术、新职业。同时，新专业被赋予新内涵、新的一体化知识体系、新的数字化动手能力，以有效指导院校结合区域高质量发展需求开设相关专业。

具备基本的数字经济知识将成为职业院校培养高素质技术技能人才的基本要求。职业院校要运用新一代信息技术，通过知识体系重构向学生传授数字化转型所需要的新知识；要学习大数据、云计算、人工智能、区块链、5G等新技术，让学生适应、服务、支持新技术驱动的产业发展；要与时俱进地传授数字技能，如数据采集与清洗、数据挖掘与分析、机器人维修与操作、数字化运营、供应链管理等，因为学生只有具备数字技能，才能在未来实现高质量就业。

为什么要在这个时间节点提出"数字商务专业群建设"这一概念，而不是沿用传统的"电子商务专业群建设"概念？可以说，这是时代的需要，也是发展的选择。电子商务是通过互联网等信息网络销售商品或者提供服务的经营活动，它强调的是基于网络；而数字商务是由更新颖的数字技术，特别是将大数据广泛应用于商务各环节、各方面形成的经营活动，它强调的是基于数据。

1. 数字商务包括电子商务，其内涵更丰富，概念更宽广

商务部办公厅于2021年1月发布的《关于加快数字商务建设 服务构建新发展格局的通知》，将电子商务理解为数字商务最前沿、最活跃、最重要的组成部分。数字商务除了电子商务外，还包括电子政务、运行监测、政府储备、安全监督、行政执法、电子口岸等与商务相关的更广泛的内容。

2. 数字商务比电子商务模式更新颖

无论是实践发展还是理论的流行，数字商务都要比电子商务晚一些。数字商务是电子商务发展到一定阶段的产物，是对电子商务的进一步拓展。这种拓展不是量变，而是带有质变意义的新的转型与突破，可以带来更新颖的商务模式。

3. 数字商务更强调新技术，特别是大数据赋能

新颖的商务模式是由5G、物联网、大数据、人工智能、区块链等较为新颖的技术及其应用，特别是大数据的应用催生的。数据驱动着更前沿的数字技术广泛应用于实体经济中商务活动的各环节、各方面，可以进一步突破先前电子商务的边界，包括打破数字世界与实体世界的边界，使数字技术更深入地融入实体经济发展。

4. 数字商务更强调数字技术跨领域集成、跨产业融合的商务应用

相比电子商务，数字商务不但包括基于互联网开展的商务活动，而且将数字化、网络化的技术应用延展到商务活动所连接的生产与消费两端；不但包括电子商务活动的直接关联主体，而且凭借物联网等技术延展到相关的客体以及与开展商务活动相关的所有主体和客体，其主线是产商之间的集成融合。这种跨界打通产供销、连接消费和生产、关联服务与管理的应用，是数字商务提升商务绩效的基础。

5. 数字商务结合具体的应用场景，更深度地融入实体经济

与电子商务相比，数字商务是更基于应用场景的商务活动，在不同的产业应用场景之下，以多种数字技术实现的集成应用具有不同的内容与形式。实际上，这正是数字商务更深度地融入实体经济的体现。换个角度来理解，如果没有具体应用场景的差别，在各行各业各种条件之下数字技术的商务应用都是千篇一律的，那么，商务的智能化也就无从谈起。从特定角度来看，数字商务的智能化程度越高，就越能灵敏地反映、精准地满足千差万别的应用场景下不同经济主体的需要。

大力发展数字商务，不断将前沿的数字技术更广泛、更深入地应用于各种商务活动，必将进一步激发电子商务应用的活力和功效，不断推动电子商务与数字商务的整体升级。更重要的是，范围更广、模式更新的数字商务应用，必将为电子商务应用以来出现的商务流程再造带来新的可能性，从而为商务变革注入新的发展动能。

本系列教材的理念与特点是如何体现的呢？专业、课程与教材建设密切相关，我国近代教育家陆费逵曾明确提出"国立根本在乎教育，教育根本实在教科书"。由此可见，优秀的教材是提升专业质量和培养专业人才的重要抓手和保障。

第一，现代学徒制编写理念。教材编写内容覆盖企业实际经营过程中的整个场景，实现教材编写与产业需求的对接、教材编写与职业标准和生产过程的对接。

第二，强化课程思政教育。教材是落实立德树人根本任务的重要载体。本系列教材以《高等学校课程思政建设指导纲要》为指导，推动习近平新时代中国特色社会主义思想进教材，将课程思政元素以生动的、学生易接受的方式充分融入教材，使教材的课程思政内容更具温度，具有更高的质量。

第三，充分体现产教融合。本系列教材主编团队由全国电子商务职业教育教学指导委员会委员，以及全国数字商务（电子商务）学院院长、副院长、学科带头人、骨干教师等组成，全国各地优秀教师参与了教材的编写工作。教材编写团队吸纳了具有丰富教材编写经验的知名数字商务产业集群行业领军人物，以充分反映电子商务行业、数字商务产业集群企业发展最新进展，对接科技发展趋势和市场需求，及时将比较成熟的新技术、新规范等纳入教材。

第四，推动"岗课赛证"融通。本系列教材为"岗课赛证"综合育人教材，将电子商务证书的考核标准与人才培养有机融合，鼓励学生在取得电子商务等证书的同时，积极获取包括直播销售员、全媒体运营师、网店运营推广职业技能等级（中级）、商务数据分析师等多个证书。

第五，教材资源数字化，教材形式多元化。本系列教材构建了丰富实用的数字化资源库，包括专家精讲微课、数字商务实操视频、拓展阅读资料、电子教案等资源，形成图文声像并茂的格局。部分教材根据教学需要以活页、工作手册、融媒体等形式呈现。

第六，数字商业化和商业数字化加速融合。以消费者体验为中心的数字商业时代，商贸流通升级，制造业服务化加速转型，企业追求快速、精准响应消费者需求，最大化品牌产出和运营效率，呈现"前台—中台—后台"的扁平化数字商业产业链，即前台无限接近终端客户，中台整合管理全商业资源，后台提供"云、物、智、链"等技术以及

数据资源的基础支撑。数字商业化和商业数字化的融合催生了数字商业新岗位，也急需改革商科人才供给侧结构。本系列教材以零售商业的核心三要素"人、货、场"为依据，以数字经济与实体经济深度整合为出发点，全面构建面向数字商务专业群的基础课、核心课，以全方位服务数字商务高水平专业群建设，促进数字商业高质量发展。

根据总体部署，我们计划在"十四五"期间，结合两大板块对本系列教材进行规划和构架。第一板块为数字商务专业群基础课程，包括数字技术与数据可视化、消费者行为分析、商品基础实务、基础会计实务、新媒体营销实务、知识产权与标准化实务、网络零售实务、流通经济学实务等。第二板块为数字商务专业群核心课程，包括视觉营销设计、互联网产品开发、直播电商运营、短视频制作与运营、电商数据化运营、品牌建设与运营等。当然，在实际执行中，可能会根据情况适当进行调整。

本系列教材是一项系统性工程，不少工作是尝试性的。无论是编写系列教材的总体构架和框架设计，还是具体课程的挑选以及内容和体例的安排，都有待广大读者来评判和检验。我们真心期待大家提出宝贵的意见和建议。本系列教材的编写得到了诸多同行和企业人士的支持。这样一群热爱职业教育的人为教材的开发提供了大量的人力与智力支撑，也成就了职业教育的快速发展。相信在我们的共同努力下，我国数字商务职业教育一定能培养出更多的高素质技术技能人才，助力数字经济与实体经济发展深度整合，助推数字产业高质量发展，为我国从职业教育大国迈向职业教育强国贡献力量。

丛书编委会
2024 年 1 月

前 言

党的二十大报告提出:"育人的根本在于立德。全面贯彻党的教育方针,落实立德树人根本任务,培养德智体美劳全面发展的社会主义建设者和接班人。"教材建设是铸魂育人的重要依托,是事关未来的战略工程、基础工程。本书编写团队牢记为党育人、为国育才的初心使命,全面贯彻落实党的二十大精神,把教材建设作为深化教育领域综合改革的重要环节,坚持立德树人、德技并修。

本书以职业导向为核心,紧密对接现代商务领域的财税知识和技能需求,打破专业壁垒,提炼出经济管理岗位所需要掌握的通用会计与税收知识、技能,选择与培养相应职业能力直接有关且使用率较高的财税专业知识内容,构建以职业能力为核心的内容体系,为培养复合型、创新型高素质技术技能人才提供有效支撑。

全书分为会计基础知识与技能、税收基础知识与技能两个模块。通过学习本书,学习者能具备一定的财税素养,掌握会计核算和税收的基本知识与技能;了解企业账务处理流程、会计信息生成机制及信息载体;具备搜集、整理、加工企业经济活动信息的能力,以及进行核算和分析应用的能力;熟悉我国税收制度构成要素,以及主要税种的应纳税额计算和征收管理的相关规定等;形成正确运用财税基础知识服务于企业经营业务运行与管理的基本意识和初步能力。

本书具有以下特色:

可读性强。本书充分考虑入门者学习的困难,强化行业指导、企业参与。本书理论知识以"必需和够用"为度,重点突出企业经济管理人员必备的基本财务素质和税务素养,强调会计信息的阅读、分析与利用及纳税基本知识与技能;采用"项目导向、任务驱动"模式,贯彻"理实一体、学做合一"理念,编写体例新颖,顺应教学规律。

时效性强。本书在编写过程中,参阅了大量最新、最具权威性的文献资料,一方面,及时反映财税领域的最新政策;另一方面,紧密对接最新的专业目录,紧跟职业教育的专业升级和数字化转型,及时将产业发展的新技术、新规范、新准则、新税法纳入本书内容,反映会计和税务岗位的职业能力要求,确保时效性。

实用性强。本书以学习者为中心,充分考虑学习者的学习需求和认知特点,以培养财税素养为出发点,对会计和税收的基础知识与技能进行梳理和介绍,为学习者在专业领域的发展提供必要的财税知识的支撑。本书内容科学规范、特色鲜明,具有较强的针对性和适用性。

本书由童晓茜、胡晓锋担任主编,车蒙、杨雯婷、张奕畅、李飏担任副主编,钟清、温棋婷、柳学斌、钱怡伽参与了编写。具体分工如下:昆明冶金高等专科学校的童晓茜、车蒙、李飔、钱怡伽、温棋婷编写项目一至项目六；浙江同济科技职业学院的胡晓锋、张奕畅编写项目七和项目十；云南财经职业学院的杨雯婷、钟清编写项目八和项目九；天府新区信息职业学院的柳学斌编写项目十一。华中科技大学出版社的张馨芳、宋焱对本书的出版给予了大力支持和帮助，在此表示敬意和感谢！

由于新时期促进经济社会高质量发展的财税体制和政策变化较快，加上编者能力和水平有限，书中有不妥之处在所难免。恳请各位专家给予指导与帮助，希望读者能够提出宝贵的意见和建议。

注：本书中的公司名、人名均为化名。

目录

模块一　会计基础知识与技能

项目一　认识会计　3
项目背景　3
学习目标　3
工作场景与要求　4
任务一　会计和会计工作　4
任务二　会计对象、会计基本假设和会计核算基础　7
任务三　会计要素与会计等式　10
任务四　会计科目和会计账户　14
项目实训　22
学习效果测评　23

项目二　认识借贷记账法　25
项目背景　25
学习目标　25
工作场景与要求　26
任务一　借贷记账法的原理　26
任务二　借贷记账法的应用　32
项目实训　38
学习效果测评　39

项目三　认识会计凭证　40
项目背景　40
学习目标　40
工作场景与要求　41
任务一　填制和审核原始凭证　41
任务二　填制和审核记账凭证　45
任务三　传递和保管会计凭证　51

项目实训　53
　　学习效果测评　56

项目四　认识会计账簿　58
　　项目背景　58
　　学习目标　58
　　工作场景与要求　59
　　任务一　设置和登记会计账簿　59
　　任务二　对账及更正错账　65
　　任务三　结账、更换及保管会计账簿　72
　　项目实训　75
　　学习效果测评　76

项目五　认识财产清查　78
　　项目背景　78
　　学习目标　78
　　工作场景与要求　79
　　任务一　货币资金的清查　79
　　任务二　实物资产的清查　83
　　任务三　往来款项的清查　86
　　项目实训　88
　　学习效果测评　88

项目六　认识会计报表　90
　　项目背景　90
　　学习目标　90
　　工作场景与要求　91
　　任务一　资产负债表　91
　　任务二　利润表　99
　　项目实训　103
　　学习效果测评　104

模块二　税收基础知识与技能

项目七　认识税收　109
　　项目背景　109
　　学习目标　109
　　工作场景与要求　110

任务一　税收的职能与特征　110
　　任务二　税收制度及其构成要素　113
　　任务三　我国现行税种　115
　　任务四　纳税办理流程　119
　　项目实训　123
　　学习效果测评　123

项目八　认识增值税　125
　　项目背景　125
　　学习目标　125
　　工作场景与要求　126
　　任务一　增值税相关概念　126
　　任务二　增值税税款的计算　130
　　任务三　增值税的征收管理　134
　　项目实训　136
　　学习效果测评　136

项目九　认识消费税　138
　　项目背景　138
　　学习目标　138
　　工作场景与要求　139
　　任务一　消费税相关概念　139
　　任务二　消费税税款的计算　142
　　任务三　消费税的征收管理　147
　　项目实训　149
　　学习效果测评　149

项目十　认识企业所得税　151
　　项目背景　151
　　学习目标　151
　　工作场景与要求　152
　　任务一　企业所得税相关概念　152
　　任务二　企业所得税税款的计算　154
　　任务三　企业所得税的征收管理　161
　　项目实训　163
　　学习效果测评　163

项目十一 认识个人所得税　　165
　项目背景　　165
　学习目标　　165
　工作场景与要求　　166
　任务一 个人所得税相关概念　　166
　任务二 个人所得税应纳税额的计算　　170
　任务三 个人所得税的征收管理　　177
　项目实训　　180
　学习效果测评　　181

参考文献　　183

数字资源目录

项目一　认识会计　　3
　　会计核算的四个环节、会计核算的内容　　5
　　会计监督的真实性、合法性与合理性，会计监督的内容　　5
　　会计信息质量要求的具体内容　　6
　　会计人员职业道德的具体内容　　6
　　资产的特征　　11
　　负债的特征　　11
　　所有者权益的特征　　11
　　收入的特征　　11
　　费用的特征　　12

项目二　认识借贷记账法　　25
　　借贷记账3秒记忆法　　29
　　怎么理解借贷记账法中的"借"和"贷"　　30
　　会计分录书写步骤口诀　　34

项目三　认识会计凭证　　40
　　记账凭证与原始凭证的区别　　46
　　会计档案保管期限表　　53

项目四　认识会计账簿　　58
　　会计账簿的种类　　60
　　现金日记账的登记方法　　62
　　总分类账的登记方法　　63
　　会计账簿的样式　　64
　　结账的格式　　73

项目五　认识财产清查　　78
　　财产清查的分类　　78

库存现金清查结果的账务处理　　80
　　存货的计价方法　　83
　　存货清查结果的账务处理　　85

项目七　认识税收　　109
　　中国税收简史　　110
　　税法基本原则　　113
　　比例税率、定额税率、累进税率　　114
　　起征点和免征额　　115
　　我国的税收分类　　116
　　税款征收方式　　122

项目八　认识增值税　　125
　　年应税销售额　　127
　　关于销售服务的具体解析　　128
　　不属于纳税行为的情形　　129
　　不征收增值税的项目　　129
　　免征增值税的项目　　129
　　合法有效凭证及允许抵扣的进项税额　　132
　　不得抵扣进项税额的情形　　132
　　不得抵扣进项税额情形的税务处理　　132
　　增值税优惠政策的运用　　134
　　不得申领增值税专用发票的情况　　135

项目九　认识消费税　　138
　　消费税征税范围的具体规定　　140

项目十　认识企业所得税　　151
　　实际管理机构　　153
　　收入总额的具体项目　　155
　　不征税收入的具体项目　　156
　　免税收入的具体项目　　156
　　成本的具体项目　　156
　　费用的具体项目　　156
　　税金及损失的特别说明　　156
　　企业所得税允许扣除的主要项目及标准　　157

项目十一　认识个人所得税　　165
　我国个人所得税的特点　　166
　个人所得税征税范围详解　　168
　收入总额的确定　　171
　其他扣除项目的个人所得税处理规定　　174
　不并入综合所得的工资、薪金所得税额计算　　174
　个人所得税APP简介　　180

模块一 会计基础知识与技能

项目一　认识会计

项目背景

会计作为宏观经济管理和市场资源配置的基础性工作,在经济社会发展过程中发挥着越来越重要的作用。随着科技和产业变革,会计工作正经历职能、组织方式、处理流程、工具手段等方面的重大转变,从传统的记账、算账、报账为主向基于大数据的分析、决策支持和高端管理领域拓展。

小明是某高职院校财经商贸类专业的一名在校学生。他了解到会计是一个热门职业,想通过认识会计这门通用的商业语言,使自己建立会计核算思维,具备一定的财务素质,为将来成为一名优秀的企业经营管理人员做准备。于是,他找到一份在云城伟业智能装备制造有限公司(简称云城伟业)财务部实习的工作,想系统了解会计工作,学习会计核算的程序和方法。

本项目将帮助学习者理解会计的概念及职能、会计对象和目标、会计基本假设等基础理论;认识会计要素和会计等式;学习会计科目和会计账户的设置等。

学习目标

◆ **知识目标**

理解会计的概念和职能、会计对象和目标、会计基本假设;
掌握会计要素的概念、分类和基本特征,会计核算基础和会计等式;
熟悉会计核算方法体系、会计科目和会计账户的概念及分类。

◆ **能力目标**

能正确划分会计要素,并指出会计对象与会计要素之间的关系;
能描述会计基本等式,并梳理出不同类型的经济业务对会计等式的影响及其变化规律;
能根据简单的经济业务设置会计科目和会计账户。

◆ **素养目标**

引导学生坚定理想信念，厚植爱国主义情怀，弘扬中国会计文化；

引导学生遵守会计人员职业道德规范，弘扬社会主义核心价值观；

引导学生践行工匠精神，养成严谨细致、精益求精的工作态度。

工作场景与要求

云城伟业智能装备制造有限公司是一家从事智能装备制造的企业，属增值税一般纳税人。公司财务部人员配置如下：财务部经理张森，会计李望，出纳王阳，稽核人员赵晴。小明进入公司财务部后发现，会计工作的专业性和技术性很强。在开始学习企业的账务处理之前，必须对会计的基础知识有一定的认知。只有了解了会计和会计工作，对会计对象、会计要素、会计等式及企业常用会计科目和会计账户有一定的认识，才能看懂会计凭证、账簿和报表，理解企业的财务活动，并进行有效账务处理。

任务一　会计和会计工作

一、任务导入

出于对会计工作极大的好奇，小明和几个朋友针对会计及其重要性展开了激烈的讨论。小 A 认为：会计只需要负责记录公司的收入和支出，是一种简单重复的工作。小 B 认为：会计核算是一种事后核算，与业务是脱节的。小 C 认为：会计信息仅用于企业内部决策，对外部没有任何意义。小 D 认为：随着财务机器人的出现，会计职业将会消亡。而小 E 则认为：会计是一种国际通用的商业语言，经济越发展，会计越重要。大家争执不休，谁都不能说服谁。

请问以上的看法是否正确？什么是会计？会计的职能和目标是什么？

二、知识准备

会计是随着人类社会生产的发展和经济管理的需要而产生、发展并不断完善起来的。经济越发展，会计越重要，其职能也越来越丰富。

（一）会计的概念

会计是以货币作为主要的计量单位，运用一系列专门的程序和方法，对企业和行政、事业单位以及其他组织的经济活动进行全面、连续、系统、综合的核算和监督，向会计信息使用者提供对决策有用的信息和反映受托责任履行情况的一种经济管理活动。

（二）会计职能

会计职能，是会计在经济管理活动中所具有的功能。

1. 基本职能

《中华人民共和国会计法》将会计的基本职能表述为会计核算和会计监督。

1）核算职能

会计核算职能，又称会计反映职能，是会计的首要职能。它是指会计以货币为主要计量单位，以合法凭证为依据，采用科学的方法和程序，对特定主体的经济活动进行确认、计量、记录和报告。

会计核算的四个环节、会计核算的内容

2）监督职能

会计监督职能，又称会计控制职能，是指对特定主体经济活动和相关会计核算的真实性、合法性和合理性进行监督检查。

会计核算职能和会计监督职能是会计的基本职能，体现了会计的本质特征，贯穿于经济活动的全过程。两者相辅相成，辩证统一。会计核算是会计监督的基础，为监督提供可靠的数据和资料，没有核算所提供的各种信息，监督就失去了依据；会计监督是会计核算质量的保证，只有严格的监督，才能保证会计核算所提供的财务信息真实、可靠。

会计监督的真实性、合法性与合理性，会计监督的内容

2. 拓展职能

随着经济环境的变化和会计的发展，会计还具有预测经济前景、参与经济决策、评价经营业绩等职能，并向价值管理、资本运营、战略决策辅助等职能持续转型升级。

（三）会计目标

会计目标就是向财务会计报告使用者提供与企业财务状况、经营成果和现金流量等有关的会计资料和信息。同时，考核企业管理层经济责任的履行情况，有助于财务会计报告使用者做出经济决策。

（四）会计信息质量要求

会计信息质量要求，是对企业财务会计报告中所提供的会计信息质量的基本要求，是使财务会计报告中的会计信息对投资者等使用者决策有用应具备的基本特征，包括可靠性、相关性、可理解性、可比性、实质重于形式、重要性、谨慎性和及时性等。

会计信息质量要求的具体内容

（五）会计法律制度

会计法律制度，是国家权力机关和行政机关制定的调整会计关系的法律规范的总称，具体表现形式包括法律、法规、规章和其他规范性文件。《中华人民共和国会计法》是会计法律制度中层次最高的法律规范，是会计机构、会计人员开展会计工作、进行会计核算、实施会计监督的基本依据，也是各级有关管理部门进行会计管理和监督的基本依据。

（六）会计人员职业道德

会计人员职业道德，是指在会计职业活动中应当遵循的、体现会计职业特征的、调整会计职业关系的职业行为准则和规范。财政部发布的《会计人员职业道德规范》明确指出，会计人员职业道德包括：坚持诚信，守法奉公；坚持准则，守责敬业；坚持学习，守正创新。

会计人员职业道德的具体内容

三、任务处理

本任务导入案例中，小 A 的观点忽视了会计工作的复杂性和多维性，没有认识到会计在预测经济前景、参与经济决策、评价经营业绩、风险管理和战略规划等方面的职能。小 B 的观点是不正确的，会计核算和监督贯穿于经济活动的全过程，会计人员不仅要懂财务，还要深刻理解业务。小 C 的观点忽视了会计信息对外部各方的重要性，会计信息对于投资者、债权人和监管机构至关重要，是市场健康发展的基石。小 D 的观点是错误的，财务机器人的出现并不会让会计职业消亡，而是会改变会计工作的性质，使会计人员从简单重复、低附加值的工作中解放出来，转而专注于更高层次的财务分析、税务筹划、战略性建议等工作。小 E 的观点正确地指出了会计作为国际通用商业语言的核心作用，强调了随着经济的发展，会计在记录、分析和报告财务信息方面的重要性。

总之，会计是以货币作为主要的计量单位，运用一系列专门的程序和方法，对企业和行政、事业单位以及其他组织的经济活动进行全面、连续、系统、综合的核算和监督，向财务会计报告使用者提供与企业财务状况、经营成果和现金流量等有关的会计资料和信息，并反映企业管理层经济责任履行情况的一种经济管理活动。

四、任务实践

随着经济环境的变化和会计行业的发展，会计工作在职能、组织方式、处理流程、工具手段等方面发生着重大而深刻的变化。请查阅资料，分析讨论会计行业的发展趋势和职业特点。

任务二　会计对象、会计基本假设和会计核算基础

一、任务导入

为了说明会计核算的内容，财务部经理张森给小明列举了云城伟业智能装备制造有限公司 2024 年 1 月发生的部分经济活动：

① 1 月 2 日，与甲公司签订一份购销合同；
② 1 月 3 日，销售商品一批，于 2 月 10 日收到 800 000 元的货款；
③ 1 月 11 日，收到上月销售商品的货款 130 000 元；
④ 1 月 12 日，购买原材料，当日支付相关费用 70 000 元；
⑤ 1 月 25 日，为了购置新设备，从银行取得了一笔 2 000 000 元的贷款。

张森要求小明根据上述材料，试着分析判断以上的经济活动，会计人员是否都要进行核算？它们都属于会计对象吗？如果是，会计核算的基础是什么？

二、知识准备

会计对象是指会计核算和监督的内容；会计假设是组织会计核算工作应当明确的前提条件；会计核算基础是指会计确认、计量和报告的基础。

（一）会计对象

会计对象，是指会计核算和监督的内容，即会计工作的客体，具体是指社会再生产过程中能以货币表现的经济活动，即资金运动或价值运动。凡是特定主体能以货币表现的经济活动都是会计核算和监督的内容，也就是会计对象。

在企业生产经营过程中，资金的存在形态不断地发生变化，构成了企业的资金运动，表现为资金投入、资金运用和资金退出三个过程。其中资金运用也称为资金的循环与周转，分为供应过程、生产过程、销售过程三个阶段。企业的会计对象就是企业的资金运动。

（二）会计基本假设

会计基本假设，也称会计核算的基本前提，是对会计核算所处的时间、空间环境等所做的合理设定，是企业会计确认、计量和报告的前提。它是人们在长期的会计实践中，对于未经确切认识或无法正面论证的经济事物或会计现象，根据客观的情况和趋势做出的合乎逻辑的推断。只有明确了这些会计核算的基本假设，会计核算工作才能得以正常进行。我国《企业会计准则——基本准则》规定会计的四个基本假设包括：会计主体假设、持续经营假设、会计分期假设、货币计量假设。

1. 会计主体假设

会计主体又称会计实体，是指会计核算和监督的特定单位或组织。会计主体假设规定了会计确认、计量、报告的空间范围。在会计主体假设下，企业应当对其本身发生的交易或者事项进行会计确认、计量和报告，反映企业本身所从事的各项生产经营活动。明确界定会计主体是开展会计确认、计量和报告工作的重要前提。

2. 持续经营假设

持续经营，是指会计主体在可以预见的未来，其经济活动是持续正常进行的，不会面临破产清算。企业会计确认、计量、报告应当以持续经营为前提，它明确了会计核算的时间范围。在持续经营假设下，会计主体将按照既定用途使用资产，按照既定的合约条件清偿债务，会计人员就可以在此基础上选择会计政策和估计方法。

3. 会计分期假设

会计分期，是指将会计主体持续不断的经营活动分割成一个个连续的、长短相同的会计期间，以便分期结算账目，编制会计报表，从而及时向有关各方提供反映财务状况、经营成果及现金流量的会计信息。会计期间分为会计年度和会计中期。会计年度自公历1月1日起至12月31日止。会计中期是指短于一个完整的会计年度的报告期间，包括月度、季度和半年度。

4. 货币计量假设

货币计量，是指会计主体在进行确认、计量和报告时以币值稳定的货币作为统一的计量单位，反映会计主体的财务状况、经营成果和现金流量情况。货币计量假设解决的是会计核算中的单位问题，包含了两层含义：一是会计提供的信息主要以货币为计量尺度，二是币值稳定。《中华人民共和国会计法》规定：会计核算以人民币为记账本位币。业务收支以人民币以外的货币为主的单位，可以选定其中一种货币作为记账本位币，但是编报的财务会计报告应当折算为人民币。一般情况下会计核算应当按照币值稳定的原则进行，对于货币购买能力的波动可以不予考虑。

（三）会计核算基础

会计核算基础，是指会计确认、计量和报告的基础，包括权责发生制和收付实现制。

1. 权责发生制

权责发生制，以取得收取款项的权利或支付款项的义务为标准来确认本期收入和费用。凡是当期已经实现的收入和已经发生或应当负担的费用，不论款项是否收付，都应作为当期的收入和费用处理；凡是不应归属当期的收入和费用，即使款项已经在当期收付，也都不应作为当期的收入和费用。我国《企业会计准则——基本准则》明确规定：企业应当以权责发生制为基础进行会计确认、计量和报告。

2. 收付实现制

收付实现制，以款项的实际收付为标准来确认本期收入和费用。凡是在本期收到的收入和付出的费用，不论是否属于本期都应作为本期的收入和费用处理。其特点是账务处理的方法比较简单，但对于损益的计算不够科学合理。《政府会计准则——基本准则》规定，政府会计由预算会计和财务会计构成。预算会计实行收付实现制（国务院另有规定的，依照其规定），财务会计实行权责发生制。

三、任务处理

凡是特定主体能以货币表现的经济活动都是会计核算和监督的内容，就是会计对象。小明对本任务导入中的经济活动进行分析后认为，云城伟业智能装备制造有限公司2024年1月3日、11日、12日、25日发生的经济业务属于会计对象。因为这些经济事项的发生，会引起企业的资金运动。1月2日与甲公司签订商品购销合同不属于会计对象。云城伟业智能装备制造有限公司属于企业，根据我国《企业会计准则——基本准则》的规定，企业应当以权责发生制为基础进行会计确认、计量和报告。

四、任务实践

请分析讨论，权责发生制与收付实现制有何区别？为什么企业应当以权责发生制为基础进行会计确认、计量和报告？

任务三 会计要素与会计等式

一、任务导入

以下是云城伟业智能装备制造有限公司2024年1月发生的部分经济业务涉及的项目：
① 公司在银行的存款1 000 000元；
② 应付未付的职工工资500 800元；
③ 仓库中存放的用于生产的价值980 000元的原材料；
④ 原值1 000 000元，目前已报废不能使用的机器设备；
⑤ 打算向银行申请的3 000 000元的一笔短期贷款；
⑥ 价值5 000 000元的厂房；
⑦ 投资者投入的资本800 000元；
⑧ 购买材料所欠供货单位的货款160 000元；
⑨ 销售商品取得的货款900 000元；
⑩ 当月发生的水电费70 000元；
⑪ 公司拥有的商标权2 560 000元；
⑫ 从利润中提取的盈余公积金160 000元；
⑬ 支付当月的短期借款利息50 000元；
⑭ 当月销售商品的成本500 000元；
⑮ 以前年度未分配的利润500 000元。

请根据以上资料，讨论以上所涉及的项目是否能确认为某一会计要素？如能，应确认为哪一个会计要素？

二、知识准备

会计要素是对会计对象的科学分类，是设置会计科目和会计账户的基本依据，是构成会计报表的基本框架。会计等式是会计主体设置账户、进行复式记账和编制会计报表的理论依据。

（一）会计要素

会计要素是根据交易或者事项的经济特征所确定的会计对象的基本分类，是会计核算对象的具体化。我国企业会计要素按照其性质分为资产、负债、所有者权益、收入、费用和利润。其中，资产、负债和所有者权益要素反映企业的财务状况；收入、费用和利润要素反映企业的经营成果。

1. 资产

资产是指由企业过去的交易或事项形成的、由企业拥有或控制的、预期会给企业带来经济效益的资源。

资产的确认条件包括：第一，与该资源有关的经济利益很可能流入企业；第二，该资源的成本或者价值能够可靠计量。

企业的资产按其流动性分为流动资产和非流动资产。流动资产主要包括货币资金、交易性金融资产、应收账款、应收票据、存货等；非流动资产主要包括长期股权投资、投资性房地产、固定资产、无形资产等。

资产的特征

2. 负债

负债是指由企业过去的交易或事项形成的、预期会导致经济利益流出企业的现时义务。

负债的确认条件包括：第一，与该义务有关的经济利益很可能流出企业；第二，未来流出的经济利益的金额能够可靠计量。

企业的负债按其流动性分为流动负债和非流动负债。流动负债包括短期借款、应付票据、应付账款、应付职工薪酬、应交税费、应付利息、应付股利、其他应付款等。非流动负债是指流动负债以外的负债，主要包括长期借款、应付债券等。

负债的特征

3. 所有者权益

所有者权益是指企业资产扣除负债后由所有者享有的剩余权益，其来源包括所有者投入的资本、直接计入所有者权益的利得和损失、留存收益等。

所有者权益体现的是所有者在企业中的剩余权益。因此，所有者权益的确认和金额的确定主要依赖于资产和负债的确认和计量。

所有者权益包括实收资本（或股本）、资本公积、盈余公积和未分配利润，后两者又统称为留存收益。

所有者权益的特征

4. 收入

收入是指企业在日常活动中形成的、会导致所有者权益增加的、与所有者投入资本无关的经济利益的总流入。

企业应当在客户取得相关商品控制权时确认收入，需要满足的条件包括：合同各方已批准该合同并承诺将履行各自义务；合同明确各方的权利和义务；合同有明确的支付条款、商业实质；企业因向客户转让商品而有权取得的对价很可能收回。

收入的特征

收入按经营业务的主次不同分为主营业务收入和其他业务收入。主营业务收入是指企业为完成经营目标所从事的主要经营活动取得的收入。其他业务收入是指企业为完成经营目标所从事的相对次要的经营活动形成的收入,如对外销售材料、对外出租有形资产、对外转让无形资产使用权等。

5. 费用

费用是指企业在日常活动中发生的、会导致所有者权益减少的、与向所有者分配利润无关的经济利益的总流出。

费用的确认条件包括:第一,与费用相关的经济利益应当很可能流出企业;第二,经济利益流出企业的结果会导致资产的减少或者负债的增加;第三,经济利益的流出额能够可靠计量。

费用按其性质来分,分为营业成本和期间费用等。营业成本包括主营业务成本、其他业务成本,期间费用包括管理费用、销售费用、财务费用。

费用的特征

6. 利润

利润是指企业在一定会计期间的经营成果。

利润包括收入减去费用后的净额、直接计入当期利润的利得和损失等。其中,收入减去费用后的净额反映的是企业日常活动的业绩,直接计入当期利润的利得和损失反映的是企业非日常活动的业绩。

利润的确认和计量,主要依赖于收入、费用以及利得和损失的确认和金额的计量。

(二)会计等式

会计等式,又称会计恒等式,是表明会计要素之间基本关系的等式。

1. 静态和动态会计等式

任何企业要从事生产经营活动都必须拥有一定数量的资产。企业资产来源于两方面:一是投资者投入,形成所有者权益;二是向债权人借入,形成债权人权益。由此可见,资产来源于权益,资产总额必然等于权益总额。即

$$资产=负债+所有者权益$$

这一等式反映了企业在某一时点上资产、负债和所有者权益三者之间的恒等关系,是企业经营活动在该时点上价值运动的静态表现。因此,该等式被称为财务状况等式或静态会计等式。它是复式记账的理论基础,也是编制资产负债表的依据。

企业进行生产经营活动的目的是获取收入,实现盈利。企业在取得收入的同时,必然要发生相应的费用。在不考虑利得和损失的情况下,它们之间的关系用公式表示如下:

$$收入-费用=利润$$

这一等式反映了企业利润的实现过程，被称为经营成果等式或动态会计等式，是编制利润表的依据。

2. 经济业务对会计等式的影响

企业发生的交易或事项，按其对会计等式影响的不同，具体可以分为以下 9 种情况：

① 一项资产增加、另一项资产等额减少的经济业务；
② 一项资产增加、一项负债等额增加的经济业务；
③ 一项资产增加、一项所有者权益等额增加的经济业务；
④ 一项资产减少、一项负债等额减少的经济业务；
⑤ 一项资产减少、一项所有者权益等额减少的经济业务；
⑥ 一项负债增加、另一项负债等额减少的经济业务；
⑦ 一项负债增加、一项所有者权益等额减少的经济业务；
⑧ 一项所有者权益增加、一项负债等额减少的经济业务；
⑨ 一项所有者权益增加、另一项所有者权益等额减少的经济业务。

上述 9 类基本经济业务的发生均不影响会计等式的平衡关系，具体分为三种情形：①⑥⑦⑧⑨类的经济业务使会计等式左右两边的金额保持不变；②③类的经济业务使会计等式左右两边的金额等额增加；④⑤类的经济业务使会计等式左右两边的金额等额减少。

三、任务处理

云城伟业智能装备制造有限公司 2024 年 1 月发生的部分经济业务涉及的项目确认为相关会计要素的情况，如表 1-1 所示。

表 1-1　2024 年 1 月会计要素确认表

经济内容	是否能确认为某个会计要素	会计要素
① 公司在银行的存款 1 000 000 元	能	资产
② 应付未付的职工工资 500 800 元	能	负债
③ 仓库中存放的用于生产的价值 980 000 元的原材料	能	资产
④ 原值 1 000 000 元，目前已报废不能使用的机器设备	不能	
⑤ 打算向银行申请的 3 000 000 元的一笔短期贷款	不能	
⑥ 价值 5 000 000 元的厂房	能	资产
⑦ 投资者投入的资本 800 000 元	能	所有者权益
⑧ 购买材料所欠供货单位的货款 160 000 元	能	负债
⑨ 销售商品取得的货款 900 000 元	能	收入

续表

经济内容	是否能确认为某个会计要素	会计要素
⑩ 当月发生的水电费 70 000 元	能	费用
⑪ 公司拥有的商标权 2 560 000 元	能	资产
⑫ 从利润中提取的盈余公积金 160 000 元	能	所有者权益
⑬ 支付当月的短期借款利息 50 000 元	能	费用
⑭ 当月销售商品的成本 500 000 元	能	费用
⑮ 以前年度未分配的利润 500 000 元	能	所有者权益

四、任务实践

云城伟业智能装备制造有限公司 2024 年 1 月份发生的部分经济业务如下：

① 1 月 2 日，以银行存款偿还到期的短期借款 1 000 000 元；

② 1 月 8 日，向甲公司购买 A 材料一批，货物已验收入库，价款 800 000 元尚未支付；

③ 1 月 12 日，从银行提取现金 1 000 元；

④ 1 月 18 日，收到乙公司付来的上月所欠货款 90 000 元，存入银行；

⑤ 1 月 20 日，收到某企业投入的价值 2 000 000 元的机器设备，已交付使用。

请分析上述业务属于哪一种类型的经济业务，并说明其变化对会计等式的影响。

任务四　会计科目和会计账户

一、任务导入

表 1-2 所示的是云城伟业智能装备制造有限公司主要的经济业务内容，财务部经理张森要求小明设置对应的会计科目，并分析判断其性质。

表 1-2　云城伟业智能装备制造有限公司主要的经济业务内容

序号	经济内容	序号	经济内容
1	公司用于零星开支的现金	4	库存的各种材料
2	存入开户银行的款项	5	应收购货单位货款
3	生产用机器设备	6	向供应单位预付的购料款

续表

序号	经济内容	序号	经济内容
7	公司持有的专利权、商标权	14	历年利润分配后结存的金额
8	向银行借入的半年期借款	15	生产产品发生的各项生产成本
9	应付供货单位的货款	16	销售商品实现的收入
10	应付给职工的各种薪酬	17	已售商品的生产成本
11	应缴纳的各种税金	18	公司行政管理部门发生的管理费用
12	收到的投资者投入的资本	19	短期借款的利息费用
13	从税后利润中提留的公积金	20	销售商品发生的广告费用

二、知识准备

合理设置会计科目是正确组织会计核算的前提。会计科目是对会计要素进一步分类形成的项目，是设置会计账户的依据。而会计账户是用来记录会计科目所反映经济业务内容的工具，能够反映会计要素的增减变动及结余情况。

（一）会计科目

1. 会计科目的概念

会计科目，简称科目，是对会计要素具体内容进行分类核算的项目，是进行会计核算和提供会计信息的基础。

2. 会计科目的分类

会计科目可以按其反映的经济内容（即所属会计要素）、所提供信息的详细程度及其统驭关系进行分类。

1）按反映的经济内容分类

会计科目按反映的经济内容的不同，可以分为资产类、负债类、共同类、所有者权益类、成本类、损益类六大类。

① 资产类科目。资产类科目是对资产要素的具体内容进行分类核算的项目，按资产的流动性分为反映流动资产的科目和反映非流动资产的科目。反映流动资产的科目主要有"库存现金""银行存款""应收账款""原材料""库存商品"等科目；反映非流动资产的科目主要有"长期股权投资""长期应收款""固定资产""在建工程""无形资产"等科目。

② 负债类科目。负债类科目是对负债要素的具体内容进行分类核算的项目，按负债偿还期限分为流动负债和非流动负债。反映流动负债的科目主要有"短期借款""应付

账款""应付职工薪酬""应交税费"等科目；反映非流动负债的科目主要有"长期借款""应付债券""长期应付款"等科目。

③ 共同类科目。共同类科目是既有资产性质又有负债性质的科目，主要有"清算资金往来""货币兑换""套期工具"等科目。

④ 所有者权益类科目。所有者权益类科目是对所有者权益要素的具体内容进行分类核算的项目，主要有"实收资本""资本公积""盈余公积""本年利润""利润分配"等科目。

⑤ 成本类科目。成本类科目是对可归属于产品生产成本、劳务成本等的具体内容进行分类核算的项目，主要有"生产成本""制造费用""劳务成本"等科目。

⑥ 损益类科目。损益类科目是对收入、费用等要素的具体内容进行分类核算的项目。其中，反映收入的科目主要有"主营业务收入""其他业务收入"等科目；反映费用的科目主要有"主营业务成本""其他业务成本""销售费用""管理费用"" 财务费用"等科目。

企业常用的一些会计科目如表1-3所示。

表1-3 企业常用会计科目表

编号	名称
一、资产类	
1001	库存现金
1002	银行存款
1012	其他货币资金
1101	交易性金融资产
1121	应收票据
1122	应收账款
1123	预付账款
1131	应收股利
1132	应收利息
1221	其他应收款
1231	坏账准备
1401	材料采购
1402	在途物资
1403	原材料
1404	材料成本差异
1405	库存商品
1406	发出商品
1407	商品进销差价

续表

编号	名称
1408	委托加工物资
1411	周转材料
1471	存货跌价准备
1481	持有待售资产
1482	持有待售资产减值准备
1501	债权投资
1511	长期股权投资
1512	长期股权投资减值准备
1521	投资性房地产
1531	长期应收款
1532	未实现融资收益
1601	固定资产
1602	累计折旧
1603	固定资产减值准备
1604	在建工程
1605	工程物资
1606	固定资产清理
1701	无形资产
1702	累计摊销
1703	无形资产减值准备
1711	商誉
1801	长期待摊费用
1811	递延所得税资产
1901	待处理财产损益
二、负债类	
2001	短期借款
2101	交易性金融负债
2201	应付票据
2202	应付账款
2203	预收账款
2211	应付职工薪酬

续表

编号	名称
2221	应交税费
2231	应付利息
2232	应付股利
2241	其他应付款
2314	代理业务负债
2401	递延收益
2501	长期借款
2502	应付债券
2701	长期应付款
2702	未确认融资费用
2711	专项应付款
2801	预计负债
2901	递延所得税负债
三、共同类	
3001	清算资金往来
3002	货币兑换
3101	衍生工具
3201	套期工具
3202	被套期项目
四、所有者权益类	
4001	实收资本
4002	资本公积
4101	盈余公积
4103	本年利润
4104	利润分配
五、成本类	
5001	生产成本
5101	制造费用
5201	劳务成本
5301	研发支出

续表

编号	名称
六、损益类	
6001	主营业务收入
6051	其他业务收入
6101	公允价值变动损益
6111	投资收益
6115	资产处置损益
6301	营业外收入
6401	主营业务成本
6402	其他业务成本
6403	税金及附加
6601	销售费用
6602	管理费用
6603	财务费用
6701	资产减值损失
6711	营业外支出
6801	所得税费用
6901	以前年度损益调整

2）按提供信息的详细程度分类

① 总分类科目。总分类科目又称总账科目、一级科目，它是指对会计要素的具体内容进行总括分类的项目，如企业常用会计科目表中所列示的科目。

② 明细分类科目。明细分类科目又称为二级科目或明细科目，是对总分类科目做进一步分类，提供更详细、更具体的会计信息的科目，它是反映会计要素的具体内容的科目，如"原材料——原料及主要材料——钢材——圆材"，科目分得越细，反映的内容就越具体、详细。

总分类科目与明细分类科目的关系：总分类科目统驭明细分类科目，而明细分类科目则是对总分类科目的补充。

（二）会计账户

1. 会计账户的概念和分类

会计账户（简称账户）是根据会计科目设置的，具有一定格式和结构，用于分类反映会计要素增减变动及结余情况的一种载体。根据核算的经济内容，账户分为资产类账户、负债类账户、共同类账户、所有者权益类账户、成本类账户和损益类账户;根据提供信息的详细程度及其统驭关系,账户分为总分类账户和明细分类账户。

2. 账户的基本结构

设置账户的作用在于能够反映会计要素的增减变动及结余情况。经济业务引起会计要素的变化,不外乎增减两种情况,所以账户的基本结构包括增加和减少两个部分,在 T 形账户下分为左右两方,一方登记增加,另一方登记减少。哪方记增加额,哪方记减少额,取决于各账户所记录的经济业务内容和所采用的记账方法。

账户的金额要素包括期初余额、本期增加发生额、本期减少发生额和期末余额。它们之间具有以下关系:

期末余额=期初余额+本期增加发生额-本期减少发生额

实际工作中,账户的栏目一般包括账户名称、日期和摘要、凭证编号、增加和减少金额、余额等内容,如表 1-4 所示。

表 1-4 账户名称(会计科目)

年		凭证编号	摘要	借方	贷方	借或贷	余额
月	日						

为了便于说明,习惯将账户的基本结构简化为 T 形账户,格式如下:

借方　　　　　　　　　　　账户的名称　　　　　　　　　　　贷方

3. 账户与会计科目的联系与区别

会计科目与账户都是对会计对象具体内容的项目分类,两者口径一致,性质相同,反映的经济内容一致。会计科目是账户的名称,也是设置账户的依据。账户是会计科目的具体运用。两者的区别在于,会计科目仅仅是名称,不存在结构,而账户具有一定的格式和结构。

三、任务处理

小明在老师的指导下，完成了云城伟业智能装备制造有限公司主要会计科目设置，具体如表 1-5 所示。

表 1-5　主要会计科目设置

序号	经济内容	设置的会计科目	所属科目性质
1	公司用于零星开支的现金	库存现金	资产类
2	存入开户银行的款项	银行存款	资产类
3	生产用机器设备	固定资产	资产类
4	库存的各种材料	原材料	资产类
5	应收购货单位货款	应收账款	资产类
6	向供应单位预付的购料款	预付账款	资产类
7	公司持有的专利权、商标权	无形资产	资产类
8	向银行借入的半年期借款	短期借款	负债类
9	应付供货单位的货款	应付账款	负债类
10	应付给职工的各种薪酬	应付职工薪酬	负债类
11	应缴纳的各种税金	应交税费	负债类
12	收到的投资者投入的资本	实收资本	所有者权益类
13	从税后利润中提留的公积金	盈余公积	所有者权益类
14	历年利润分配后结存的金额	利润分配	所有者权益类
15	生产产品发生的各项生产成本	生产成本	成本类
16	销售商品实现的收入	主营业务收入	损益类
17	已售商品的生产成本	主营业务成本	损益类
18	公司行政管理部门发生的管理费用	管理费用	损益类
19	短期借款的利息费用	财务费用	损益类
20	销售商品发生的广告费用	销售费用	损益类

四、任务实践

根据表 1-5 列示的云城伟业智能装备制造有限公司设置的会计科目，云城伟业智能装备制造有限公司应如何根据这些会计科目开设会计账户？

项目实训

1. 实训背景

表 1-6 所示是云城伟业智能装备制造有限公司 2024 年 2 月 1 日有关总分类账户的期初余额。

表 1-6 云城伟业 2024 年 2 月 1 日总分类账户期初余额表

账户名称	期初余额/元	账户名称	期初余额/元
库存现金	3 500	短期借款	1 000 000
银行存款	1 600 000	应交税费	135 000
固定资产	8 500 000	应付账款	908 500
应收账款	1 850 000	应付职工薪酬	890 000
库存商品	600 000	长期借款	4 500 000
原材料	3 680 000	实收资本	8 800 000
合计	16 233 500	合计	16 233 500

该公司 2024 年 2 月发生的部分经济业务如下：

① 以银行存款购入 180 000 元的原材料，材料已验收入库；
② 收回应收账款 500 000 元，存入银行存款账户；
③ 向银行借入短期借款 800 000 元，存入银行存款账户；
④ 收到某企业投资的设备一套，价值 1 600 000 元；
⑤ 以银行存款缴纳上月应交增值税 10 000 元。

2. 实训要求

（1）判断表 1-6 中的会计账户所属的类别，并将相关内容填入表 1-7 中的①②⑥⑦栏。

（2）根据资料计算每个项目本月增加发生额、本月减少发生额，并填入表 1-7 中的③④⑧⑨栏。

（3）根据所得数据计算每个账户的期末余额，并填入表 1-7 中的⑤⑩栏。

表 1-7 云城伟业 2024 年 2 月总分类账户余额表

资产项目①	期初余额②	本期增加③	本期减少④	期末余额⑤	权益项目⑥	期初余额⑦	本期增加⑧	本期减少⑨	期末余额⑩

续表

资产项目①	期初余额②	本期增加③	本期减少④	期末余额⑤	权益项目⑥	期初余额⑦	本期增加⑧	本期减少⑨	期末余额⑩
合计					合计				

学习效果测评

项目测评表

知识测评		
知识点	评价指标	自评结果
知识点1	1.	□A⁺ □A □B □C □C⁻
	2.	□A⁺ □A □B □C □C⁻
	3.	□A⁺ □A □B □C □C⁻
知识点2	1.	□A⁺ □A □B □C □C⁻
	2.	□A⁺ □A □B □C □C⁻
	3.	□A⁺ □A □B □C □C⁻
能力测评		
技能点	评价指标	自评结果
技能点1	1.	□A⁺ □A □B □C □C⁻
	2.	□A⁺ □A □B □C □C⁻
	3.	□A⁺ □A □B □C □C⁻
技能点2	1.	□A⁺ □A □B □C □C⁻
	2.	□A⁺ □A □B □C □C⁻
	3.	□A⁺ □A □B □C □C⁻

续表

素养测评		
素养点	评价指标	自评结果
素养点1	1.	□A⁺ □A □B □C □C⁻
	2.	□A⁺ □A □B □C □C⁻
	3.	□A⁺ □A □B □C □C⁻
素养点2	1.	□A⁺ □A □B □C □C⁻
	2.	□A⁺ □A □B □C □C⁻
	3.	□A⁺ □A □B □C □C⁻
薄弱项记录		
我掌握得不太好的知识		
我还没有掌握的技能		
我想提升的素养		
教师签字		

项目二　认识借贷记账法

项目背景

借贷记账法是一种国际会计语言,是世界各国普遍采用的一种记账方法。通过借贷记账法,会计人员可以系统地记录和分析企业的经济业务,为企业提供准确、全面的财务信息,有助于企业了解自身的资产、负债和所有者权益状况,为企业决策提供有力支持,促进企业内部管理和控制能力提升,提高财务管理水平。

本项目围绕记账方法、借贷记账法的原理及运用,帮助学习者了解会计记账方法,熟悉借贷记账法的原理,运用借贷记账法编制会计分录和编制试算平衡表,以便更好地理解和处理经济业务,提高工作效率。

学习目标

◆ **知识目标**

了解会计记账方法;
熟悉借贷记账法的原理;
掌握借贷记账法下的账户设置及结构;
掌握主要会计分录的编制方法。

◆ **能力目标**

能描述复式记账法的特点;
能运用借贷记账法编制会计分录;
能正确编制试算平衡表。

◆ **素养目标**

引导学生树立遵纪守法、诚实守信、恪尽职守的职业素养;

引导学生践行工匠精神，养成严谨细致、精益求精的工作态度；
引导学生形成解决问题的创新思维和应对财务风险的意识。

工作场景与要求

借贷记账法是现代会计体系的基石，为会计工作提供了标准化的方法。它是会计工作的核心，确保了交易记录的准确性和完整性，为编制准确的财务报表提供了基础，帮助企业进行合规的财务管理和决策分析。财务部经理张森告诉小明，要想学会会计记账，一定要理解借贷记账法的原理，掌握账户结构和记账规则，能够正确编制经济业务的会计分录，并进行会计账户的试算平衡。

任务一　借贷记账法的原理

一、任务导入

云城伟业智能装备制造有限公司 2024 年 3 月份发生的部分经济业务如下：
① 1 日，用银行存款 240 000 元购买材料一批，材料已验收入库；
② 3 日，用银行存款偿还短期借款 400 000 元；
③ 15 日，从银行提取现金 1 000 元备用；
④ 17 日，接受投资者投入设备一台，价值 350 000 元；
⑤ 19 日，用银行存款支付前欠货款 250 000 元；
⑥ 25 日，购入生产设备一台，价值 600 000 元，企业以银行存款支付 200 000 元，其余暂欠。

请问云城伟业智能装备制造有限公司发生的 6 笔经济业务引起的会计要素增减变化，在借贷记账法下，如何确定应记入的账户名称、方向及金额？

二、知识准备

记账方法是根据一定的原理、记账符号和记账规则，采用一定的计量单位，利用文字和数字记录经济业务活动的专门方法。我国的《企业会计准则——基本准则》规定，企业应当采用借贷记账法记账。

（一）记账方法

记账方法按记录方式的不同，分为单式记账法和复式记账法。

1. 单式记账法

单式记账法是对发生的每一笔经济业务只在一个账户中登记的方法，一般仅登记现金和银行存款的收付和各项应收、应付款项。例如，企业用银行存款 20 000 元购买材料一批，在单式记账法下，只登记银行存款减少 20 000 元，不登记原材料的增加。时间一长，银行存款的去向就无从得知了。

在单式记账法下，账户之间的记录没有依存关系，不能全面、系统地反映经济业务的来龙去脉，无法了解各会计要素的增减变动情况，也不便于检查账户记录的正确性和真实性。单式记账法是古代会计所采用的记账方法。到近代会计后，由于其不能适应社会化大生产的需要而被复式记账法所取代。复式记账法就是在单式记账法的基础上逐步发展完善起来的。

2. 复式记账法

复式记账法是对每一笔经济业务都要以相等的金额同时在两个或两个以上相互联系的账户中进行登记的一种方法。例如，企业用银行存款 20 000 元购买材料一批，在复式记账法下，一方面登记银行存款减少 20 000 元，另一方面登记原材料增加 20 000 元。

复式记账法的理论依据是会计要素之间客观存在的恒等关系，也就是会计等式，即"资产＝负债＋所有者权益"。企业发生任何一笔经济业务都会引起两个或两个以上账户发生等额的增减变化，为了全面、系统地反映和监督经济活动过程，需要按照复式记账法要求，在两个或两个以上相互联系的账户中以同等数额进行登记。这样，一笔经济业务的来龙去脉就非常清楚地反映出来了。因此，复式记账法是一种科学、完善的记账方法，通过复式记账法可以全面、互相联系地反映各项经济业务的全貌；对记录的结果可以进行试算平衡，以便检查账户记录是否正确。

（二）借贷记账法

1. 含义

借贷记账法是指以"借"和"贷"作为记账符号，将发生的经济交易与事项所引起的会计要素的增减变动，以相等的金额同时在相互关联的两个或两个以上的账户中进行记录的一种复式记账法。

2. 记账符号

借贷记账法对所设立的账户都要确定记账方向，以分别记录会计要素的增减变动情况。记账符号就是表示记账方向的记号。账户的记账方向分为左、右两方，分别登记其反映的经济内容的增加和减少。借贷记账法以"借""贷"作为记账符号，账户的左方为借方，右方为贷方。"借"和"贷"是会计的专业术语，并已成为通用的国际商业语言。"借"和"贷"既不单纯代表增加，也不单纯代表减少。对于一个具体账户而言，哪一方登记增加，哪一方登记减少，取决于具体账户的性质和结构。

3. 账户结构

账户的具体结构取决于账户本身的性质。按照会计等式"资产＋费用＝负债＋所有者权益＋收入"，把账户分为两类性质不同的账户。等式左边的资产和费用为一类，反映资金的使用形式，账户的借方记录增加，贷方记录减少；等式右边的负债、所有者权益和收入为一类，反映资金的来源渠道，账户的贷方记录增加，借方记录减少。

1) 资产类账户

资产类账户是用来记录反映各项资产增减变动的账户，其借方登记增加额，贷方登记减少额。在一定会计期间内，资产类账户借方登记的增加额合计称为借方发生额，贷方登记的减少额合计称为贷方发生额，期末将借、贷双方的发生额相比较，其差额称为期末余额，期末余额一般在借方，表示期末资产的实有数额。本期的借方期末余额转入下期，成为下期的借方期初余额。资产类账户结构用 T 形账户表示如下：

借	资产类账户		贷
期初余额　　×××			
本期增加额　×××		本期减少额	×××
本期借方发生额　×××		本期贷方发生额	×××
期末余额　　×××			

资产类账户期末余额计算公式如下：

资产类账户借方期末余额＝借方期初余额＋本期借方发生额－本期贷方发生额

2) 负债类、所有者权益类账户

负债类、所有者权益类账户是用来记录反映各项负债、所有者权益增减变动的账户。两类账户结构是相同的，借方登记减少额，贷方登记增加额，余额一般在贷方，表示期末负债、所有者权益的实有数额。负债类、所有者权益类账户结构用 T 形账户表示如下：

借	负债类、所有者权益类账户		贷
		期初余额	×××
本期减少额	×××	本期增加额	×××
本期借方发生额	×××	本期贷方发生额	×××
		期末余额	×××

负债类、所有者权益类账户期末余额计算公式如下：

负债类、所有者权益类账户贷方期末余额＝贷方期初余额＋本期贷方发生额－本期借方发生额

3）成本类账户

成本类账户是用来反映企业在生产过程中发生的形成产品成本的各项费用。当产品完成后，即转化为产成品，形成一项资产。所以成本类账户结构与资产类账户结构基本相同，即借方记录成本的增加额，贷方记录成本的转出额。期末如有尚未完工的在产品，则有期末借方余额，表示期末在产品成本。期末如果产品全部完工，则没有在产品，期末余额为零。成本类账户结构用 T 形账户表示如下：

借	成本类账户		贷
期初余额	×××		
本期增加额	×××	本期转出额	×××
本期借方发生额	×××	本期贷方发生额	×××
期末余额	×××		

成本类账户期末余额计算公式如下：

成本类账户借方期末余额＝借方期初余额＋本期借方发生额－本期贷方发生额

4）损益类账户

损益类账户包括收入类和费用类账户。由于收入、费用类账户月末都要转入财务成果账户，以确定当期损益（盈利或亏损），所以该类账户月末无余额。

① 收入类账户。企业收入除了主营业务收入外，还有其他业务收入、营业外收入等，收入的取得将引起所有者权益的增加，因此其账户结构类似于所有者权益类账户，贷方登记收入增加额，借方登记收入减少或转出额。收入类账户结构用 T 形账户表示如下：

借贷记账
3秒记忆法

借	收入类账户		贷
本期减少额或转出额	×××	本期增加额	×××
本期借方发生额	×××	本期贷方发生额	×××

② 费用类账户。费用是在企业生产经营过程中发生的各种人、财、物等的耗费,费用实质上导致销售收入的减少,也使所有者权益减少,因为所有者权益减少时记入借方,所以费用发生时也记入借方,费用减少或转出记入贷方。

借	费用类账户		贷
本期增加额	×××	本期减少额或转出额	×××
本期借方发生额	×××	本期贷方发生额	×××

4. 记账规则

借贷记账法的记账规则是指在账户中记录经济业务时应该遵循的规则。借贷记账法的记账规则是"有借必有贷,借贷必相等"。"有借必有贷"是指对于任何一笔经济业务,要在一个或几个账户的借方登记的同时,必须在另一个或另几个相互联系的账户贷方登记。"借贷必相等"是指任何一笔经济业务,记入账户借方的金额与记入账户贷方的金额必须相等。

怎么理解
借贷记账法
中的"借"和"贷"

三、任务处理

云城伟业智能装备制造有限公司应采用的记账方法是借贷记账法。2024年3月发生的6笔经济业务,涉及的账户及在账户中的登记情况如下:

① 1日,用银行存款240 000元购买材料一批,材料已验收入库。

该项经济业务一方面使资产类账户"原材料"增加240 000元,应记入"原材料"账户的借方;另一方面使资产类账户"银行存款"减少240 000元,应记入"银行存款"账户的贷方。其账户记录如图2-1所示。

图2-1 资产要素内部此增彼减,增减金额相等

② 3日,用银行存款偿还短期借款400 000元。

该项经济业务一方面使资产类账户"银行存款"减少400 000元,应记入"银行存款"账户的贷方;另一方面使负债类账户"短期借款"减少400 000元,应记入"短期借款"账户的借方。其账户记录如图2-2所示。

图 2-2 资产和负债要素同时等额减少

③ 15 日,从银行提取现金 1 000 元备用。

该项经济业务一方面使资产类账户"库存现金"增加 1 000 元,应记入"库存现金"账户的借方;另一方面使资产类账户"银行存款"减少 1 000 元,应记入"银行存款"账户的贷方。其账户记录如图 2-3 所示。

图 2-3 资产要素内部此增彼减,增减金额相等

④ 17 日,接受投资者投入设备一台,价值 350 000 元。

该项经济业务一方面使资产类账户"固定资产"增加 350 000 元,应记入"固定资产"账户的借方;另一方面使所有者权益类账户"实收资本"增加 350 000 元,应记入"实收资本"账户的贷方。其账户记录如图 2-4 所示。

图 2-4 资产和所有者权益要素同时等额增加

⑤ 19 日,用银行存款支付前欠货款 250 000 元。

该项经济业务一方面使资产类账户"银行存款"减少 250 000 元,应记入"银行存款"账户的贷方;另一方面使负债类账户"应付账款"减少 250 000 元,应记入"应付账款"账户的借方。其账户记录如图 2-5 所示。

图 2-5 资产和负债要素同时等额减少

⑥ 25 日,购入生产设备一台,价值 600 000 元,企业以银行存款支付 200 000 元,其余暂欠。

该项经济业务一方面使资产类账户"固定资产"增加 600 000 元,应记入"固定资产"账户的借方;另一方面使资产类账户"银行存款"减少 200 000 元,应记入"银行存款"账户的贷方,货款暂欠,使负债类账户"应付账款"增加 400 000 元,应记入"应付账款"账户的贷方。其账户记录如图 2-6 所示。

图 2-6 资产要素内部一增一减，同时负债要素增加

四、任务实践

运用借贷记账法的知识，分析以下经济业务，确定其应记入的账户名称、方向及金额。

① 接受投资者投入资金 80 000 元，存入银行。
② 从银行借入短期借款 30 000 元。
③ 将库存现金 4 000 元存入银行。
④ 用银行存款缴纳本月应交的税金 22 000 元。
⑤ 经批准，公司将盈余公积 50 000 元转增资本。

任务二　借贷记账法的应用

一、任务导入

云城伟业智能装备制造有限公司 2024 年 3 月月初全部账户余额如表 2-1 所示。

表 2-1　资产、负债及所有者权益状况表（1）　　　　　　　　　　　单位：元

资产	金额	负债及所有者权益	金额
库存现金	6 000	短期借款	800 000
银行存款	2 900 000	应付账款	430 000
应收账款	1 804 000	应付职工薪酬	890 000
原材料	413 000	应交税费	103 000
库存商品	1 000 000	长期借款	3 500 000
固定资产	10 000 000	实收资本	10 400 000
合计	16 123 000	合计	16 123 000

云城伟业 2024 年 3 月份发生的部分经济业务如下：

① 1 日，用银行存款 240 000 元购买材料一批，材料已验收入库；
② 3 日，用银行存款偿还短期借款 400 000 元；
③ 15 日，从银行提取现金 1 000 元备用；

④ 17 日，接受投资者投入设备一台，价值 350 000 元；

⑤ 19 日，用银行存款支付前欠货款 250 000 元；

⑥ 25 日，购入生产设备一台，价值 600 000 元，以银行存款支付 200 000 元，其余暂欠。

请问云城伟业智能装备制造有限公司发生的这 6 笔经济业务，如何编制会计分录，登记账户并进行试算平衡呢？

二、知识准备

企业经济业务繁多，需要设置的账户也很多，为了准确地反映每项交易或事项产生的经济信息，在登记账户之前需先编制会计分录，登记账户通过试算平衡检查账户记录是否准确、完整。

（一）会计分录编制

1. 会计分录的格式

会计分录简称分录，它是对每项经济业务应登记的账户、记账方向和金额的一种记录。每笔会计分录包括三个要素：账户名称、记账符号、记账金额。

在实际工作中，会计分录编写在记账凭证上；在教学过程中，采用下列格式书写会计分录：

借：账户名称　　　　　　　　　　　×××
　　贷：账户名称　　　　　　　　　　　　×××

会计分录的格式为：先借后贷，借贷分行；上借下贷，借贷错开。每行先写"借""贷"，再写账户名称，最后写金额；金额数字后略去货币种类和单位，通常默认成人民币元；贷方的文字和金额与借方的要错格书写；在多借或多贷的情况下，同方向的账户及金额应当纵向对齐；若有二、三级明细分类账户，按照总分类科目、二级科目、三级科目的顺序书写，总分类科目与二级科目之间，二级科目与三级科目之间，均用"——"连接。

2. 会计分录的分类

会计分录按其所反映的经济业务繁简程度，可以分为简单会计分录和复合会计分录两种。简单会计分录，是指一项经济业务只涉及两个账户，一个账户借方与另一个账户贷方所组成的会计分录，即"一借一贷"的会计分录。复合会计分录，是指一项经济业务涉及至少三个账户的分录，可以是一个账户的借方与另外几个账户的贷方所组成的会计分录，即"一借多贷"的会计分录；可以是一个账户的贷方与几个账户的借方所组成的会计分录，即"一贷多借"的会计分录；也可以是几个账户的贷方与几个账户的借方所组成的会计分录，即"多借多贷"的会计分录。不能将不同性质的经济业务合并编制复合会计分录。

3. 会计分录的编制步骤

运用借贷记账法编制会计分录，一般按以下步骤进行：

① 分析并确定该会计交易或事项所涉及的账户并判定其性质；

② 分析并确定该会计交易或事项所涉及的账户是增加金额还是减少金额；

③ 根据涉及账户的结构，确定增加或减少的金额应记入账户的借方还是贷方；

④ 根据经济业务确定应记入账户的金额，根据记账规则写出分录内容，并检查借方金额与贷方金额是否相等。

会计分录书写步骤口诀

（二）试算平衡

试算平衡，是指根据借贷记账法的记账规则和会计等式的平衡关系，通过对所有账户记录进行汇总和计算，来检查某一会计期间账户的记录是否正确、完整的一种方法。试算平衡包括发生额试算平衡和余额试算平衡。

1. 发生额试算平衡

发生额试算平衡，是指将一定时期内全部账户的本期借方发生额和本期贷方发生额分别加总后，利用"有借必有贷，借贷必相等"的记账规则来检验本期发生额记录正确性的一种试算平衡方法。

在借贷记账法下，由于每一笔经济业务发生后，在记入一个或几个账户借方的同时，又以相等的金额记入另一个或几个账户的贷方。因此，当一定会计期间内的全部经济业务都记入有关账户后，所有账户的借方发生额合计数与贷方发生额合计数必然相等。其试算平衡公式如下：

全部账户本期借方发生额合计＝全部账户本期贷方发生额合计

2. 余额试算平衡

余额试算平衡，是指在会计期末全部账户的借方期末余额合计数应当等于全部账户的贷方期末余额合计数，分别加总后，利用"资产＝负债＋所有者权益"的平衡原理来检验会计记录正确性的一种试算平衡方法。

在借贷记账法下，会计期末资产类和成本类账户一般为借方余额，表示期末资产总额和未结转的成本总额；负债类和所有者权益类账户一般为贷方余额，表示期末债务总额和权益总额；损益类账户期末没有余额。因此，根据会计等式"资产＝负债＋所有者权益"的平衡关系，所有账户的借方余额合计数应与所有账户的贷方余额合计数相等。余额分为期初余额和期末余额，其试算平衡公式如下：

全部账户的借方期初余额合计＝全部账户的贷方期初余额合计

全部账户的借方期末余额合计＝全部账户的贷方期末余额合计

在实务中,试算平衡是通过编制试算平衡表来进行的。其格式如表 2-2 所示。

表 2-2 试算平衡表(1)

账户名称	期初余额		本期发生额		期末余额	
	借方	贷方	借方	贷方	借方	贷方
合计						

三、任务处理

针对云城伟业 2024 年 3 月份发生的 6 笔经济业务,处理如下。

(1) 编制会计分录。

① 1 日,用银行存款 240 000 元购买材料一批,材料已验收入库。

借:原材料　　　　　　　　　　　　　　　　240 000
　　贷:银行存款　　　　　　　　　　　　　　　　　　240 000

② 3 日,用银行存款偿还短期借款 400 000 元。

借:短期借款　　　　　　　　　　　　　　　　400 000
　　贷:银行存款　　　　　　　　　　　　　　　　　　400 000

③ 15 日,从银行提取现金 1 000 元备用。

借:库存现金　　　　　　　　　　　　　　　　1 000
　　贷:银行存款　　　　　　　　　　　　　　　　　　1 000

④ 17 日,接受投资者投入设备一台,价值 350 000 元。

借:固定资产　　　　　　　　　　　　　　　　350 000
　　贷:实收资本　　　　　　　　　　　　　　　　　　350 000

⑤ 19 日,用银行存款支付前欠货款 250 000 元。

借:应付账款　　　　　　　　　　　　　　　　250 000
　　贷:银行存款　　　　　　　　　　　　　　　　　　250 000

⑥ 25 日,购入生产设备一台,价值 600 000 元,以银行存款支付 200 000 元,其余暂欠。

借:固定资产　　　　　　　　　　　　　　　　600 000
　　贷:银行存款　　　　　　　　　　　　　　　　　　200 000
　　　　应付账款　　　　　　　　　　　　　　　　　　400 000

（2）根据编制的会计分录逐笔登记 T 形账户。

"原材料"账户登记如下：

借	原材料	贷
期初余额 413 000		
240 000		
本期借方发生额 240 000		
期末余额 653 000		

"短期借款"账户登记如下：

借	短期借款	贷
	期初余额	800 000
400 000		
本期借方发生额 400 000		
	期末余额	400 000

"库存现金"账户登记如下：

借	库存现金	贷
期初余额 6 000		
1 000		
本期借方发生额 1 000		
期末余额 7 000		

"实收资本"账户登记如下：

借	实收资本	贷
	期初余额	10 400 000
		350 000
	本期贷方发生额	350 000
	期末余额	10 750 000

"应付账款"账户登记如下：

借	应付账款	贷
	期初余额	430 000
250 000		400 000
本期借方发生额 250 000	本期贷方发生额	400 000
	期末余额	580 000

"固定资产"账户登记如下：

借	固定资产	贷
期初余额 10 000 000		
350 000		
600 000		
本期借方发生额 950 000		
期末余额 10 950 000		

"银行存款"账户登记如下：

借	银行存款	贷
期初余额 2 900 000		
		240 000
		400 000
		1 000
		250 000
		200 000
	本期贷方发生额	1 091 000
期末余额 1 809 000		

（3）根据账户记录编制试算平衡表，如表 2-3 所示。

表 2-3 试算平衡表（2）　　　　　　　　　　　　　　　　单位：元

账户名称	期初余额		本期发生额		期末余额	
	借方	贷方	借方	贷方	借方	贷方
库存现金	6 000		1 000		7 000	
银行存款	2 900 000			1 091 000	1 809 000	
应收账款	1 804 000				1 804 000	
原材料	413 000		240 000		653 000	
库存商品	1 000 000				1 000 000	
固定资产	10 000 000		950 000		10 950 000	
短期借款		800 000	400 000			400 000
应付账款		430 000	250 000	400 000		580 000
应付职工薪酬		890 000				890 000
应交税费		103 000				103 000
长期借款		3 500 000				3 500 000
实收资本		10 400 000		350 000		10 750 000
合计	16 123 000	16 123 000	1 841 000	1 841 000	16 223 000	16 223 000

四、任务实践

运用借贷记账法，编制以下经济业务的会计分录。
① 公司接受投资者投入资金 80 000 元，存入银行；
② 从银行借入短期借款 300 000 元；
③ 将库存现金 4 000 元存入银行；
④ 用银行存款缴纳本月应交的税金 22 000 元；
⑤ 经批准，公司将盈余公积 50 000 元转增资本。

项目实训

1. 实训背景

云城伟业智能装备制造有限公司 2024 年 4 月月初全部账户余额如表 2-4 所示。

表 2-4 资产、负债及所有者权益状况表（2） 单位：元

资产	金额	负债及所有者权益	金额
库存现金	7 000	短期借款	400 000
银行存款	1 809 000	应付账款	580 000
应收账款	1 804 000	应付职工薪酬	890 000
原材料	653 000	应交税费	103 000
库存商品	1 000 000	长期借款	3 500 000
固定资产	10 950 000	实收资本	10 750 000
合计	16 223 000	合计	16 223 000

云城伟业 2024 年 4 月份发生的部分经济业务如下：
① 6 日，用银行存款支付广告费 55 500 元。
② 9 日，公司行政管理部门以银行存款购买办公用品 2 800 元。
③ 13 日，接受投资者投入一项专利权 600 000 元。
④ 15 日，用银行存款偿还长期借款 1 000 000 元。
⑤ 28 日，经理出差预借差旅费 4 000 元，以库存现金支付。

2. 实训要求

（1）逐笔分析云城伟业智能装备制造有限公司发生的 5 笔经济业务引起的会计要素增减变化，确定应记入的账户名称、方向及金额。
（2）运用借贷记账法，编制会计分录，并进行试算平衡。

学习效果测评

项目测评表

知识测评		
知识点	评价指标	自评结果
知识点1	1.	☐A⁺ ☐A ☐B ☐C ☐C⁻
	2.	☐A⁺ ☐A ☐B ☐C ☐C⁻
	3.	☐A⁺ ☐A ☐B ☐C ☐C⁻
知识点2	1.	☐A⁺ ☐A ☐B ☐C ☐C⁻
	2.	☐A⁺ ☐A ☐B ☐C ☐C⁻
	3.	☐A⁺ ☐A ☐B ☐C ☐C⁻
能力测评		
技能点	评价指标	自评结果
技能点1	1.	☐A⁺ ☐A ☐B ☐C ☐C⁻
	2.	☐A⁺ ☐A ☐B ☐C ☐C⁻
	3.	☐A⁺ ☐A ☐B ☐C ☐C⁻
技能点2	1.	☐A⁺ ☐A ☐B ☐C ☐C⁻
	2.	☐A⁺ ☐A ☐B ☐C ☐C⁻
	3.	☐A⁺ ☐A ☐B ☐C ☐C⁻
素养测评		
素养点	评价指标	自评结果
素养点1	1.	☐A⁺ ☐A ☐B ☐C ☐C⁻
	2.	☐A⁺ ☐A ☐B ☐C ☐C⁻
	3.	☐A⁺ ☐A ☐B ☐C ☐C⁻
素养点2	1.	☐A⁺ ☐A ☐B ☐C ☐C⁻
	2.	☐A⁺ ☐A ☐B ☐C ☐C⁻
	3.	☐A⁺ ☐A ☐B ☐C ☐C⁻
薄弱项记录		
我掌握得不太好的知识		
我还没有掌握的技能		
我想提升的素养		
教师签字		

项目三　认识会计凭证

项目背景

企业在生产经营过程中会发生大量的、各种各样的经济业务。会计部门要及时正确地记录这些经济业务，必须依据会计凭证。通过对会计凭证的审核，可以监督各项经济业务是否符合国家的有关法律制度、企业目标和财务计划；可以检查经济业务有无违法乱纪、违反会计制度的现象，有无损害公共财产的行为发生；可以及时发现经济管理中存在的问题和管理制度中存在的漏洞，以改善经营管理，提高经济效益。

本项目将围绕填制和审核原始凭证、填制和审核记账凭证以及传递和保管会计凭证等内容，帮助学习者识别不同种类的会计凭证，正确填制和审核记账凭证，并了解会计凭证装订与保管的相关规定。

学习目标

◆ **知识目标**

理解原始凭证、记账凭证的概念及分类；
掌握原始凭证的填制及审核；
掌握记账凭证的填制及审核；
熟悉会计凭证在不同岗位间的传递；
掌握会计凭证保管的期限。

◆ **能力目标**

能够区分不同的原始凭证并正确填制与审核；
能够填制和审核记账凭证；
能够整理、装订、归档、存查会计凭证。

项目三 认识会计凭证 41

◆ **素养目标**

引导学生树立遵纪守法、诚实守信、恪尽职守的职业素养；

引导学生践行工匠精神，养成严谨细致、精益求精的工作态度；

引导学生秉公办事，提高人际沟通和协调能力。

工作场景与要求

小明进入公司，迅速投入并开展相关工作，跟着老会计识别不同的原始凭证，明确了原始凭证的填制要求，根据审核无误的原始凭证填制记账凭证，了解了不同经济业务的主要流程，以及会计凭证在相关部门间的传递，学会了会计凭证的装订与保管。

任务一　填制和审核原始凭证

一、任务导入

小明在财务部实习期间，收到云城伟业智能装备制造有限公司业务员李某报销差旅费的发票。在审查时，他发现业务员李某提供的住宿费发票印章所印单位名称与发票销售方填写不一致，如图3-1所示。

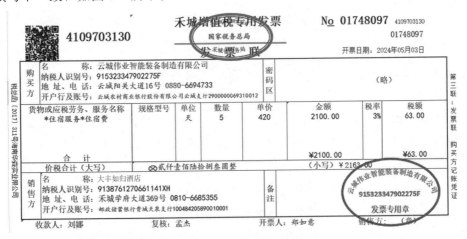

图 3-1　业务员李某提供的报销差旅费的发票

请问遇到这种情况，小明应如何处理？

二、知识准备

会计凭证是记录经济业务，明确经济责任，按一定格式编制的据以登记会计账簿的凭证。它是记录和证明经济业务发生或完成情况的凭证，是进行会计核算的重要依据，按其程序和用途可分为原始凭证和记账凭证。

（一）原始凭证的概念

原始凭证又称单据，是在经济业务发生或完成时取得或填制的，用以记录和证明经济业务发生或完成情况的凭证。如发货票、收货单、领料单、银行结算凭证、各种报销单据等。凡不能证明经济业务已经发生或完成的有关文件，如购销合同、融资协议、派工单等，以及不具备法律效力或不具备原始凭证基本内容的有关单据，都不能作为原始凭证。

（二）原始凭证的种类

原始凭证可以按照不同的标准进行分类，以下是几种常见的分类方式。

1. 按来源渠道分类

原始凭证按来源不同分类，可以分为外来原始凭证和自制原始凭证。

外来原始凭证，指在经济业务发生或完成时，从其他单位或个人直接取得的原始凭证，如购买货物取得的增值税专用发票、职工出差取得的飞机票和火车票等。

自制原始凭证，指在经济业务发生或完成时，由本单位内部经办业务的部门和人员填制的凭证，如借款单、领料单、收料单、产品入库单、产品出库单、折旧计算表、工资发放明细表等。

2. 按填制方法分类

原始凭证按填制手续及内容不同分类，可以分为一次凭证、累计凭证和汇总凭证。

一次凭证，指只反映一项经济业务，或同时记录若干项同类性质经济业务的原始凭证，其填制手续是一次完成的，如收据、发票、银行结算凭证等。

累计凭证，指在一定时期内（如以月为单位）连续记载若干同类经济业务的原始凭证，其填制手续是随着经济业务事项的发生而分次进行的，如限额领料单等。

汇总凭证，指根据一定时期内反映相同经济业务的多张原始凭证，按照一定标准综合填制的原始凭证，如差旅费报销单、发出材料汇总表、工资结算汇总表等。

3. 按格式分类

原始凭证按格式不同分类，可以分为通用原始凭证和专用原始凭证。

通用原始凭证，指由有关部门统一印制、在一定范围内使用的具有统一格式和使用方法的原始凭证，如某省（市）印制的发票、收据，中国人民银行制作的银行转账结算凭证等。

专用原始凭证，指由单位自行印制、仅在本单位内部使用的原始凭证，如领料单、折旧计算表、工资费用分配表、差旅费报销单等。

（三）原始凭证填制的要求

原始凭证的填制需要满足一系列基本要求，以确保财务信息的真实性和准确性。

1. 真实可靠、内容完整

原始凭证按真实反映经济业务的实际情况填写，包含经济业务的全部内容，如日期、业务内容、数量、单价、金额等，不得遗漏。

2. 手续完备、书写规范

填制凭证时必须按照规定的程序进行，经办人和有关部门必须在凭证上签字或盖章，如外来原始凭证应盖有对方单位（个人）公章或专用章（签名或个人签章），自制原始凭证应有经办单位负责人或指定人员签名或盖章。原始凭证的书写应清晰、规范。

① 原始凭证应使用蓝黑墨水或碳素墨水或签字笔书写，文字要简洁，字迹要清楚；不得使用未经国务院认可并公布的简化汉字。

② 汉字大写数字金额一律使用壹、贰、叁、肆、伍、陆、柒、捌、玖、拾、佰、仟、万、亿等，并一律用正楷或者行书体书写，不得用一、二、三、四、五、六、七、八、九、十等简化字代替，更不得任意自造简化字。大写金额数字到元或者角为止的，在"元"或者"角"字之后应当写"整"字或者"正"字。例如，"￥385.40"应写成"人民币叁佰捌拾伍元肆角整"；大写金额数字有分的，"分"字后面不写"整"字或者"正"字，例如，"￥248.65"应写成"人民币贰佰肆拾捌元陆角伍分"。

③ 小写金额要用阿拉伯数字逐个书写，不得连笔书写，阿拉伯数字前面应当书写货币币种符号（如人民币符号"￥"），币种符号与阿拉伯数字之间不得留有空白。所有以元为单位的阿拉伯数字，除表示单价等情况外，一律填写到角、分；无角、分的，角位和分位可写"00"，或者符号"——"；有角无分的，分位应写"0"，不能用符号"——"代替。例如，"人民币叁佰捌拾伍元整"应写成"￥385.00"或"￥385.——"，而不能写成"￥385"，"人民币叁佰捌拾伍元肆角整"应写成"￥385.40"，而不能写成"￥385.4"或"￥385.4——"。

④ 连续编号。原始凭证都必须连续编号。连续编号既便于查找凭证，又可以防止凭证丢失。连续编号的原始凭证在写错作废时，应当加盖"作废"戳记连同存根一起保存，不得撕毁。

⑤ 原始凭证记载的各项内容均不得涂改、挖补。如果发现原始凭证有错误，应当由开具单位重开或者更正，更正处应当加盖开具单位的公章。原始凭证金额有错误的，应当由开具单位重开，不得在原始凭证上更正。提交银行的各种结算凭证的大、小写金额一律不得更改，如出现错误，就必须重新填写。

3. 计算准确、填制及时

原始凭证上记载的经济业务的数量、单价、金额应当准确无误。一些需要计算填列金额的数据应当计算准确，费用分配、摊销等方法应符合会计准则。原始凭证的填制应与经济业务的发生或完成同步，不得事后补制。

（四）原始凭证的审核

原始凭证的审核涉及对原始凭证的真实性、合法性、合理性和完整性、正确性和及时性的核查。主要检查原始凭证反映的经济业务是否与实际发生的情况相符合，内容是否真实；检查原始凭证反映的经济业务是否符合国家的方针、政策、法规和制度；检查原始凭证反映的经济业务是否合理，是否遵循节约、反对浪费和提高经济效益的原则；检查原始凭证的内容是否填写齐全，手续是否完备，是否有经办人的签字或盖章；检查原始凭证上的数字是否正确，如数量、单价、金额等是否填写清晰、计算准确。审核时应注意原始凭证填制日期，尤其是有时效性的原始凭证，如支票、商业汇票更应验证其签发日期，保证其时效性。

三、任务处理

本任务导入案例中，报销发票上的印章与企业名称不一致，一般可能是由操作失误、打印错误或其他原因导致的。如果确认发票印章与企业名称不一致，应尽快与开票方联系，说明情况，并请求其重新开具正确的发票。确保新开具的发票上的印章和企业名称与实际情况相符。如果开票方无法及时重新开具正确的发票，或者怀疑发票的真实性，可以选择拒绝报销该发票，并向相关部门或上级领导报告情况。为了避免类似情况再次发生，企业应加强内部控制，完善发票管理和报销流程，确保员工对发票开具和报销流程有清晰的认识，并严格按照规定进行操作。

四、任务实践

2024年5月22日，云城伟业智能装备制造有限公司采购员张磊因采购材料从云城到禾城出差，云城伟业智能装备制造有限公司以现金预付采购员张磊差旅费 1 500 元。请填写相关凭证，如图 3-2 所示。

<table>
<tr><td colspan="6" align="center">借款单
借款时间：</td></tr>
<tr><td>借款人</td><td></td><td>借款部门</td><td></td><td>部门领导意见</td><td></td></tr>
<tr><td>款项类别</td><td colspan="5">☐ 现金　☐ 转账　转账账户：</td></tr>
<tr><td>借款用处</td><td colspan="5"></td></tr>
<tr><td>借款金额</td><td>￥</td><td></td><td>大写</td><td colspan="2"></td></tr>
<tr><td>部门领导</td><td></td><td>会计主管</td><td></td><td>经办人员</td><td></td></tr>
<tr><td>备注</td><td colspan="5"></td></tr>
</table>

图 3-2　借款单（1）

任务二　填制和审核记账凭证

一、任务导入

2024 年 5 月 25 日，小明在云城伟业智能装备制造有限公司实习过程中翻阅之前的会计凭证，发现当年 2 月 15 日该公司一张记账凭证上的会计分录为：

借：材料采购——铝镁合金　　　　　　　　　　　　78 800
　　贷：原材料——铝镁合金　　　　　　　　　　　　　　78 800

但是，收料单显示该铝镁合金价税合计 87 800 元，记账凭证上的金额与其不符。请问这种情况应如何处理？

二、知识准备

记账凭证是会计人员根据审核无误的原始凭证，按照经济业务的内容归类，并据以确定会计分录后填制的会计凭证。为了方便根据记账凭证进行各种明细账及总分类账簿的登记，记账凭证一般都具有统一格式和固定内容。

（一）记账凭证的概念

记账凭证，又称记账凭单，是财会部门根据原始凭证填制，记载经济业务简要内容，确定会计分录，作为记账依据的会计凭证。

记账凭证是对原始凭证进行整理、归类和汇总的结果，为账簿登记提供了直接依据。记账凭证还是连接原始凭证和账簿的桥梁。原始凭证记录了经济业务的详细信息，而账簿是企业财务信息的汇总和展现。通过记账凭证这个中间环节，会计人员可以将原始凭证中的信息转化为账簿中的会计信息，实现经济业务的连续记录和反映。

记账凭证与原始凭证的区别

（二）记账凭证的种类

记账凭证根据使用范围划分，可分为专用记账凭证和通用记账凭证。

1. 专用记账凭证

专用记账凭证是专门用于记录某一类经济业务的记账凭证，分为收款凭证、付款凭证、转账凭证。

1）收款凭证

收款凭证是指用于记录现金和银行存款收款业务的凭证，其主要特点是借方科目固定为"库存现金"或"银行存款"。

2）付款凭证

付款凭证用于记录现金和银行存款付款业务，其特点在于贷方科目固定为"库存现金"或"银行存款"。

3）转账凭证

转账凭证用于记录不涉及现金和银行存款收付款项的其他经济业务。这类凭证的借贷双方均不涉及"库存现金"和"银行存款"科目。

2. 通用记账凭证

通用记账凭证，是一种灵活且适应性强的记账工具，用于记录企业日常经营活动中发生的各种经济业务。与特定类型的记账凭证（如银行转账单等）相比，通用记账凭证具有更广泛的适用范围，能够涵盖多种类型的经济业务，如购买原材料、支付工资、销售产品等。

（三）记账凭证的填制

1. 专用记账凭证的填制

1）收款凭证的填制方法

收款凭证根据现金和银行存款收款业务的原始凭证填制。涉及增加现金或者银行存款账户的金额的，填制收款凭证。收款凭证左上方的"借方科目"，应填写"库存现金"或"银行存款"；右上方应填写凭证编号。收款凭证的编号一般按"现收×号"和"银收×号"分类，业务量少的单位也可不分现收与银收，而按收款业务发生的先后顺序统一编号，如"收字第×号"。"摘要"栏内填写经济业务的简要概况；"贷方科目"栏内填写与"库存现金"或"银行存款"科目相对应的总账科目及其所属明细科目；"金额"栏内填写实际收到的现金或银行存款数额；"记账"栏供记账人员在根据收款凭证登记有关账簿以后做记号用，表示该项金额已经记入有关账户，避免重记或漏记。

例如，2024年5月5日，云城伟业智能装备制造有限公司收到盛世公司网银转账266 500元以归还前欠货款，云城伟业智能装备制造有限公司开具收款收据。此笔经济业务涉及银行收款，填制银行收款凭证如下：

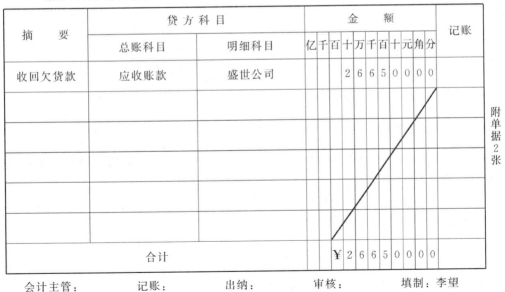

2）付款凭证的填制方法

付款凭证根据现金和银行存款付款业务的原始凭证填制。涉及减少现金或者银行存款账户的金额的，填制付款凭证。付款凭证的填制方法和要求与收款凭证基本相同，不同的只是在付款凭证的左上方应填列贷方科目，因为现金和银行存款的减少应记账户的贷方。付款凭证的"借方科目"栏，需填写与现金或银行存款支出业务有关的总账科目和明细科目。

对于只涉及库存现金与银行存款之间的划转业务，如从银行存款中提取现金或以现金存入银行等，只需填制付款凭证，不再填制收款凭证，以免重复记账。

例如，2024年5月8日，云城伟业智能装备制造有限公司从银行提取2 800元现金备用，此笔业务为从银行存款中提取现金，填制银行存款付款凭证如下：

付 款 凭 证

贷方科目：银行存款　　　日期：2024年5月8日　　　付字第×号

摘　要	借方科目		金　额										记账
	总账科目	明细科目	亿	千	百	十	万	千	百	十	元	角	分
从银行存款中提取现金	库存现金							2	8	0	0	0	0
合计							¥	2	8	0	0	0	0

附单据1张

会计主管：　　　记账：　　　出纳：　　　审核：　　　填制：李望

3）转账凭证的填制方法

转账凭证根据不涉及现金和银行存款收付的转账业务的原始凭证填制。不涉及现金和银行存款增加或减少的业务，填制转账凭证。转账业务没有固定的账户对应关系，因此在转账凭证中，要按借方科目和贷方科目分别填列有关总账科目和明细科目。借方科目的金额与贷方科目的金额分别在同一行的"借方金额"和"贷方金额"栏内填列。

例如，2024年5月18日，云城伟业智能装备制造有限公司人员张超报销差旅费5 284元，填写差旅费报销单并提交相关原始凭证。此笔业务是不涉及现金和银行存款增加或减少的业务，填制转账凭证如下：

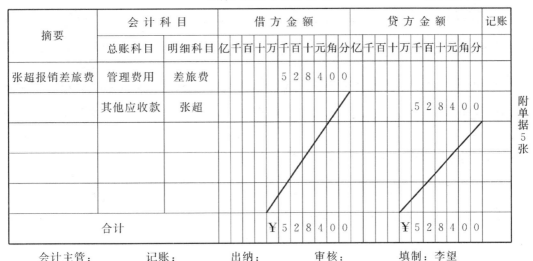

2. 通用记账凭证的填制

通用记账凭证的名称为记账凭证或记账凭单。它集收款、付款和转账凭证于一身，通用于收款、付款和转账等各种类型的经济业务。其格式及填制方法与转账凭证完全相同。

例如，2024年5月30日，云城伟业智能装备制造有限公司向光明公司销售一批货物A，价款968 000元，增值税销项税125 840元，货物已发出并开具增值税发票，款项尚未收到。填制记账凭证如下：

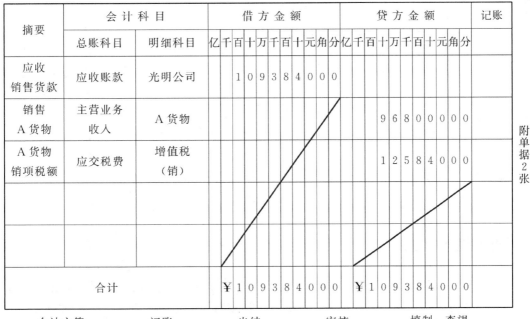

（四）记账凭证的审核

记账凭证的审核，是指对企业的记账凭证进行审查、核对的过程，以确保凭证的合规性、真实性、完整性和正确性。记账凭证审核需要遵循一定的标准和流程，以确保审核工作的高效性和准确性。记账凭证严禁出现任何违法违规行为；所记录的经济业务应是真实发生的，不存在虚构或捏造的情况；记账凭证应该包含所有必要的信息，如日期、摘要、科目、金额等；填制应该准确无误，包括数字的书写、科目的选择等。

三、任务处理

针对本任务导入的案例，小明应告知会计人员发现的凭证错误，确定为工作人员疏忽后进行补记。云城伟业智能装备制造有限公司应以原来填制的记账凭证少记的金额重新填列一张记账凭证：

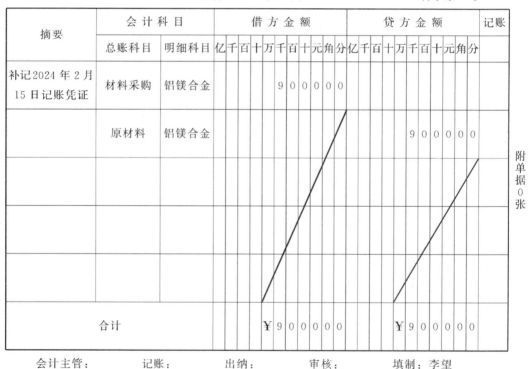

四、任务实践

云城伟业智能装备制造有限公司 2024 年 6 月 30 日归还到期的 3 个月短期借款本金 500 000 元，年利率 6%，已计提两个月利息。请填写对应记账凭证。

付 款 凭 证

贷方科目：		日期： 年 月 日											字第 号	
摘 要	借 方 科 目		金 额										记账	
	总账科目	明细科目	亿	千	百	十	万	千	百	十	元	角	分	
	合计													

会计主管：　　　记账：　　　出纳：　　　审核：　　　填制：

附单据　张

任务三　传递和保管会计凭证

一、任务导入

李某是公司的一名财务人员，负责管理公司会计凭证。公司在例行检查中发现，李某负责的财务记录部分出现缺失，与其他财务记录不符。后经调查得知，他曾在近期删除过大量会计凭证相关的文件。

请问李某的做法是否合法？会计凭证保管的要求有哪些？

二、知识准备

正确组织会计凭证的传递是确保企业财务管理顺畅、高效的关键环节。

（一）传递会计凭证

传递会计凭证是指从会计凭证的取得或填制时起至归档保管过程中，在单位内部有关部门和人员之间的传送程序。会计凭证按规定程序及时传递，是会计核算得以正常、有效进行的前提，是会计凭证处理的一个重要环节。

为正确组织会计凭证的传递，应制定科学的传递程序，既要保证传递的及时性，又要避免凭证传递通过不必要的环节，以提高传递效率。根据经济业务的特点、企业内部机构的设置和人员分工情况，以及经营管理上的需要，恰当地规定各种会计凭证的联数和所流经需要审核和处理的关键部门，确定凭证在各个环节停留的时间和传递的间隔时间。建立签收制度，确保凭证传递的每一个环节都能得到有效监控，保证凭证的完整性和连续性。同时加强信息化建设，建立电子化的凭证传递系统，可以实现凭证的实时传递和处理，提高传递速度并减少人为错误，实现凭证的自动归档和查询，方便日后的审计和查阅。

（二）保管会计凭证

会计凭证是重要的会计档案和资料，必须妥善保管，不得丢失或任意销毁。保管会计凭证，是指会计凭证记账后的整理、装订、归档和存查工作。通过妥善保管凭证，企业可以确保财务信息的完整性和可追溯性，避免凭证的丢失或损坏对企业造成不必要的损失。保管会计凭证主要有下列要求。

① 会计凭证应及时传递，不得积压。企业应通过建立健全制度、加强内部沟通协作、利用现代技术手段和强化责任意识等措施，确保凭证的及时传递和处理。

② 在会计凭证登记完毕后，会计人员应当按照业务性质、发生时间等要素对凭证进行同类凭证归类，便于后续查阅和管理，定期装订成册，防止散失。同时，会计凭证应当按照时间顺序进行连续编号，确保凭证的完整性和连续性。从外单位取得的原始凭证遗失时，应取得原开出单位盖有公章的证明，并注明原始凭证的号码、金额、内容等，由经办单位会计机构负责人、会计主管人员和单位领导人批准后，才能代作原始凭证。若确实无法取得证明的，如火车票、船票、飞机票等凭证，由当事人写出详细情况，由经办单位会计机构负责人、会计主管人员和单位领导人批准后，代作原始凭证。

③ 会计凭证封面应注明单位名称、凭证种类、凭证张数、起止号数、年度、月份、会计主管人员、装订人员等有关事项，会计主管人员签章。

④ 会计凭证应加贴封条，防止抽换凭证。原始凭证不得外借，其他单位如因特殊原因需要使用原始凭证时，经本单位会计机构负责人、会计主管人员批准，可以复制。向外单位提供原始凭证复制件，应当在专设的登记簿上登记，并由提供人员和收取人员共同签名或盖章。

⑤ 每年装订成册的会计凭证，在年度终了时可暂由单位会计机构保管一年，期满后应当移交本单位档案机构统一保管；未设立档案机构的，应当在会计机构内部指定专人保管。出纳人员不得兼管会计档案。

⑥ 严格遵守会计凭证的保管期限要求，期满前不得任意销毁。会计凭证的保管期限和销毁手续，应严格按照《会计档案管理办法》的规定执行。未到规定保管期限的会计凭证，不得提前销毁；保管期满需要销毁的会计凭证，应按规定程序经批准后销毁。国家对会计档案的保管期限和销毁手续有明确、具体的规定。某些特殊的会计凭证甚至要永久保管。

对于定期保管且保存期满需要销毁的会计凭证，应由档案保管部门提出销毁意见，再由会计部门鉴定审查，编制会计档案销毁清册，注明拟销毁的会计档案的名称、卷号、册数、起止年度、应保管期限、已保管期限等，报上级主管部门审核批准后方可销毁。国家规定永久保管的会计凭证，不得销毁。

会计档案
保管期限表

三、任务处理

会计档案是记录和反映单位经济业务的重要史料和证据。在本任务导入案例中，李某在明知公司必须妥善保存会计凭证的情况下，仍故意将其销毁，导致公司财务记录不完整。李某销毁会计凭证的行为涉嫌故意销毁会计凭证罪。根据《中华人民共和国刑法》第一百六十二条之一，隐匿或者故意销毁依法应当保存的会计凭证、会计账簿、财务会计报告，情节严重的，处五年以下有期徒刑或者拘役，并处或者单处二万元以上二十万元以下罚金。

四、任务实践

云城伟业智能装备制造有限公司采购部门的主要业务流程如下：采购部按采购计划下订单→签订采购合同→收采购发票→记录采购→办理入库→支付对应款项→有质量问题办理退货。请分析这一流程中采购发票在传递中需要注意的问题。

项目实训

1. 实训背景

（1）2024年5月6日，云城伟业智能装备制造有限公司向箐桦新业公司销售智慧电机30台，不含税单价48 000元，增值税税率13%。销售部及仓库填列出库单并交给李望，李望开具一份增值税专用发票。云城伟业智能装备制造有限公司地址：云城阳关大道16号；电话：0880-6694733；税号：915323347902275F；开户行及账号：云城农村商业银行股份有限公司云城支行2900000069310012。箐桦新业公司地址：禾城经济开发区255号；电话：0558-5388780；税号：5166890683575DF；开户行及账号：中国工商银行经开路支行2980004388302272。

（2）2024年5月8日，云城伟业智能装备制造有限公司采购员张磊出差预借差旅费3 200元。

（3）2024年5月14日，采购员张磊出差归来，报销差旅费3 300元。其中客车票价为单程215元，住宿费用每天350元，伙食补助每天60元。

（4）2024年5月20日，云城伟业智能装备制造有限公司从郏城铝业购买一批复合铝管30 000千克,单价4元,全部验收入库。仓库保管人员:王梅;制单人:郭华;收料人:王越。

(5) 云城伟业智能装备制造有限公司2024年6月发生如下经济业务。

① 6月3日,向中国建设银行昆明分行借入期限为6个月的借款600 000元,年利率6%,到期一次性还本付息,款项存入银行。

② 6月8日,行政部门购买办公用品(档案盒)单价12.5元,购买了30个,以现金支付。

③ 6月10日,车间从仓库领用原材料一批,其中甲材料10 000千克,单价5元,共计50 000元;乙材料5 000千克,单价40元,共计200 000元。

④ 6月14日,收到创维技术有限公司转来的前欠货款750 000元。

⑤ 6月20日,从银行提取备用金8 000元。

⑥ 6月22日,预付采购员张磊差旅费5 000元,以现金付清。

⑦ 6月26日,采购员张磊出差归来,报销差旅费3 180元。其中高铁票价为单程620元,住宿费用每天360元,伙食补助每天80元,共3天,并收回多余款项。

⑧ 6月28日,支付前欠新塑新材料有限公司材料款225 000元,转账付清。

(6) 云城伟业智能装备制造有限公司随着公司规模逐年扩大,业务活动日益频繁,因此会计凭证的数量和种类也在不断增加。在一次例行的内部审计中,审计人员发现在会计凭证方面存在以下问题:业务凭证在传递过程中存在某些环节处理时间过长,凭证交接随意,凭证丢失问题;凭证未按照规定的分类和顺序存放,导致查找困难;凭证存放地点未设置有效的防盗、防火措施;电子凭证管理不规范,对于电子凭证,公司未建立有效的备份和恢复机制。

2. 实训要求

(1) 请开出对应的增值税专用发票,如图3-3所示。

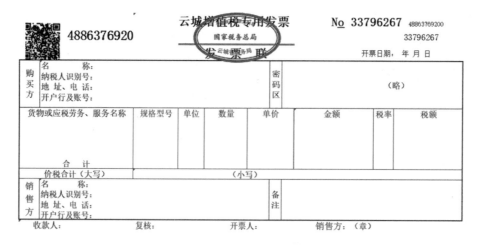

图3-3 对应的增值税专用发票

(2) 请填写借款单，如图 3-4 所示。

借款单

借款时间：

借款人		借款部门		部门领导意见	
款项类别	□ 现金　□ 转账　转账账户：				
借款用处					
借款金额	￥		大写		
部门领导		会计主管		经办人员	
备注					

图 3-4　借款单（2）

(3) 请填写差旅费报销单，如图 3-5 所示。

差旅费报销单

单位名称：　　　　　　　　　　　报销日期：

出发		到达		人数	交通工具	交通费金额	伙食补助		其他补助			出差事由
月	日	地名	月	日	地名				天数	金额	项目	天数	金额	

（此表列标题："出发 月/日/地名"，"到达 月/日/地名"，人数，交通工具，交通费金额，伙食补助（天数/金额），其他补助（项目/天数/金额），出差事由）

										住宿费		
										市内车费		
										邮电费		
										其他		

报销总额	￥	（人民币大写）
预借旅费		补领金额
		退还金额

单位负责人：　　　会计主管：　　　出纳：　　　报销人：

图 3-5　差旅费报销单

(4) 请填写采购入库单，如图 3-6 所示。

采购入库单

供货单位：　　　　　　　仓库：原材料仓库　　　　　年　月　日

材料编码	材料名称	材料类别	计量单位	采购数量	验收数量	单价	金额

收料人：　　　　　保管：　　　　　制单：

图 3-6　采购入库单

第二联记账

（5）请按照收款、付款、转账凭证 3 类分类填制记账凭证，并按经济业务时间顺序编号。

（6）请分析该公司存在的风险隐患并以此提出建议。

学习效果测评

项目测评表

知识测评		
知识点	评价指标	自评结果
知识点 1	1.	□A⁺　□A　□B　□C　□C⁻
	2.	□A⁺　□A　□B　□C　□C⁻
	3.	□A⁺　□A　□B　□C　□C⁻
知识点 2	1.	□A⁺　□A　□B　□C　□C⁻
	2.	□A⁺　□A　□B　□C　□C⁻
	3.	□A⁺　□A　□B　□C　□C⁻
能力测评		
技能点	评价指标	自评结果
技能点 1	1.	□A⁺　□A　□B　□C　□C⁻
	2.	□A⁺　□A　□B　□C　□C⁻
	3.	□A⁺　□A　□B　□C　□C⁻
技能点 2	1.	□A⁺　□A　□B　□C　□C⁻
	2.	□A⁺　□A　□B　□C　□C⁻
	3.	□A⁺　□A　□B　□C　□C⁻
素养测评		
素养点	评价指标	自评结果
素养点 1	1.	□A⁺　□A　□B　□C　□C⁻
	2.	□A⁺　□A　□B　□C　□C⁻
	3.	□A⁺　□A　□B　□C　□C⁻
素养点 2	1.	□A⁺　□A　□B　□C　□C⁻
	2.	□A⁺　□A　□B　□C　□C⁻
	3.	□A⁺　□A　□B　□C　□C⁻

续表

薄弱项记录	
我掌握得不太好的知识	
我还没有掌握的技能	
我想提升的素养	
教师签字	

项目四　认识会计账簿

项目背景

会计账簿是企业财务信息的主要载体。把会计凭证所记载的大量零散的经济资料加以归类整理，序时地、分门别类地记入相关的会计账簿，可以向会计信息需求者提供系统完整的会计资料，支持企业的经营决策、财务管理和战略规划。因此，设置和登记账簿是会计核算的基本方法之一，也是会计核算工作的重要环节。科学地设置账簿和正确地登记账簿对于全面完成会计核算任务具有重要意义。

本项目将帮助学习者了解会计账簿的概念和分类，掌握会计账簿的设置和登记方法，理解和掌握对账与结账的方法，知晓更换与保管会计账簿的规定。

学习目标

◆ 知识目标

理解会计账簿的概念；
了解不同账簿的类型和用途，能够正确建立和使用账簿；
掌握日记账、总账、明细账的登记方法；
掌握对账的要求，错账更正的方法；
了解结账的程序及会计账簿更换、保管的规定。

◆ 能力目标

能够准确登记会计账簿；
能够进行日记账、总账、明细账的填制；
能够完成对账与结账；
能够正确进行错账更正。

◆ 素养目标

引导学生树立遵纪守法、诚实守信、恪尽职守的职业素养；

引导学生践行工匠精神，养成严谨细致、精益求精的工作态度；

引导学生遵循工作流程，提高分析问题和解决问题的能力。

工作场景与要求

为了提供系统的会计核算资料，必须在填制凭证的基础上设置和登记账簿，把分散在会计凭证上的大量核算资料，加以集中和归类整理，使其系统化、条理化、连续化，以便能给经济管理提供系统、全面的会计信息。小明跟着老会计学会了日记账、总账、明细账的登记方法，掌握了对账的要求及错账更正的方法，了解了结账的程序及会计账簿更换、保管的规定。

任务一 设置和登记会计账簿

一、任务导入

2024 年 7 月 18 日，云城伟业智能装备制造有限公司人员张超报销差旅费 2 284 元，填写差旅费报销单并提交相关原始凭证。会计人员李望已根据相关原始凭证填制了记账凭证，7 月末管理费用借方余额为 15 000 元，其他应收款借方余额为 7 000 元。

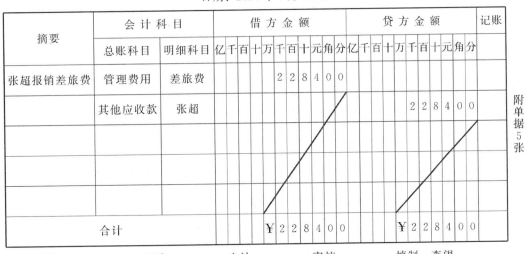

请问这笔凭证应该怎么登账，采用什么会计账簿？

二、知识准备

设立会计账簿必须符合国家有关会计法律、法规和制度的规定。企业发生的各项经济业务应当在依法设置的会计账簿上统一登记、核算,不得违反会计相关法律和国家统一的会计制度规定私设会计账簿登记、核算。

(一)会计账簿的概念及分类

会计账簿又称账簿或账册,是指由具有一定格式、相互联系的账页组成,以审核无误的会计凭证为依据,用来全面、系统、连续地记录一个企业、单位各项经济业务的簿籍。

会计账簿的种类

会计账簿按其用途不同,分为序时账簿、分类账簿和备查账簿;按其账页格式不同,分为两栏式账簿、三栏式账簿、多栏式账簿和数量金额式账簿;按其外表形式不同,分为订本式账簿、活页式账簿和卡片式账簿。各种账簿一般由封面、扉页、账页和封底组成。

(二)会计账簿的启用规则

各单位都应当按照国家统一会计制度的规定和会计业务的需要设置会计账簿。启用会计账簿是会计工作中的一个重要步骤,它标志着新的会计期间的开始。

启用会计账簿时,应在会计账簿的封面(见图4-1)上清晰、准确地写明单位名称和账簿名称。在账簿扉页的适当位置,填写账簿启用登记表(见表4-1)、账户目录(见表4-2)。对于订本式账簿,从第一页到最后一页进行顺序编号。这有助于确保每一页都被正确、连续地使用。编号应当清晰、易于识别,并且不易被篡改。在每个会计年度的开始,应当启用新的会计账簿,将上一年度的期末余额作为新一年度的期初余额,并在摘要处注明"上年结转"字样。

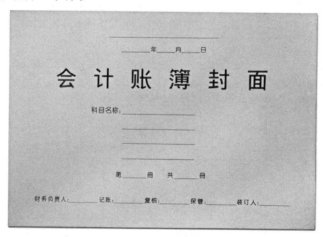

图4-1 会计账簿封面

表 4-1　账簿启用登记表

单位名称						单位盖章					
账簿名称		年共　　册　第　　册									
账簿页码		本账簿共计　　页									
启用日期		年　　月　　日至　　年　　月　　日									
经管人员	负责人			主办会计			复核			记账	
	职别	姓名	盖章	职别	姓名	盖章	职别	姓名	盖章	职别	姓名	盖章
交接记录	监交		接管				移交				备注
	姓名	签章	年	月	日	盖章	年	月	日	盖章	

表 4-2　账户目录

科目代码	总账科目	明细科目	账页起页	科目代码	总账科目	明细科目	账页起页

（三）会计账簿的登记规则

在会计工作中，账簿登记是一项至关重要的任务。为了确保账簿的准确性和规范性，需要遵循一系列登记规则。

1. 账簿记录准确无误

所有经济业务的记录必须准确无误地反映在会计账簿中。为确保准确性，会计人员应仔细核对原始凭证和记账凭证，确保所有信息都正确无误地录入账簿。

2. 注明记账符号

在记账过程中，应在记账凭证上注明所记账簿的页数，并用"√"表示已经登记入账。对于需要结出余额的账户，结出余额后，应在"借或贷"栏内写明"借"或"贷"

的字样。对于没有余额的账户，应在该栏中写"平"字。在会计账簿中，文字和数字的书写必须清晰、规范，不得随意涂改。

3. 红色墨水的使用

红色墨水在会计账簿中有特定的使用场景。根据规定，在以下情况下可以使用红色墨水进行记账：① 按照红字冲账的记账凭证，冲销错误记录；② 在不设借贷等栏的多栏式账页中，登记减少数；③ 在三栏式账户的"余额"栏前，如未印明余额方向的，在"余额"栏内登记负数余额；④ 根据国家统一会计制度的规定可以用红字登记的其他会计记录。

4. 顺序连续登记

会计账簿的登记必须按照顺序连续进行，不得跳页或隔页登记。每一笔经济业务的发生都应按照时间顺序及时记录在相应的账簿中，确保账簿的连续性和完整性。

5. 结出余额

在每个会计期间结束时，应结出每个账户的余额。现金日记账或银行存款日记账必须做到日清月结。这有助于确保资金的安全和准确记录。

6. 过次页和承前页的处理

当账簿的一页已经写满，需要继续在下一页登记时，应当使用过次页的方法进行处理。具体做法是，在最后一行的"摘要"栏内注明"过次页"，同时将本页的借方和贷方发生额合计数以及余额抄写到下一页的对应栏内，并在"摘要"栏内注明"承前页"。这样可以确保账簿的连续性和准确性，方便后续的查阅和核对。

7. 不得刮擦

一旦账簿上的记录被写入，就不允许刮擦、挖补、涂改或用药水消除字迹。这是为了确保账簿的原始性和真实性。如果发现有错误需要更正，应按照规定的程序进行，如使用红色墨水划红线更正并加盖更正章等。

（四）设置和登记日记账

1. 现金日记账

现金日记账是用来核算和监督企业现金收入、支出和结余情况的账簿。它按照时间顺序逐笔登记企业的现金流入和流出，反映了企业现金的实时动态。现金日记账在实际工作中采用订本式账簿，大多是三栏式账页格式。现金日记账由出纳人员根据审核无误的现金收款凭证、现金付款凭证和银行存款付款凭证（记录从银行提取现金的业务），按经济业务发生的时间先后顺序逐日逐笔进行登记。

现金日记账的登记方法

每日终了时结出该账户的收入、支出合计数和余额,并与库存现金实存数核对,以确保现金日记账的准确性。

2. 银行存款日记账

银行存款日记账是用来核算和监督银行存款每日的收入、支出和结余情况的账簿。银行存款日记账的账页样式一般为三栏式,并应按开户银行和其他金融机构分别设置。银行存款日记账与现金日记账的登记方法基本相同,由出纳人员根据审核无误的银行存款收款凭证、银行存款付款凭证和现金付款凭证(记录现金存入银行的业务),按经济业务发生的时间先后顺序逐日逐笔进行登记。每日终了时结出该账户的收入、支出合计数和余额,并定期与银行对账单核对,以确保银行存款日记账的准确性。

(五)设置和登记分类账

1. 总分类账

总分类账,也称总账,是按照会计科目设立账户,用以记录各项经济业务,分类反映资产、负债、所有者权益、收入、费用和利润增减变动及其结果的账簿。它是会计核算的核心组成部分,也是企业财务报表编制的直接依据。总分类账的账页样式通常为三栏式。总分类账的每一个账户单独使用一个账页,每个账户要预留若干张账页,每一页上设有"借方""贷方""余额"三栏。

总分类账的登记方法

总分类账的登记方法有多种,包括直接根据记账凭证逐笔填列,以及根据科目汇总表和汇总记账凭证等进行登记。采用哪种方法,取决于账务处理程序。

2. 明细分类账

明细分类账,也称明细账,是根据总账科目所属的明细科目设置的,用于分类登记某一类经济业务,提供有关明细核算资料的账簿。明细分类账一般采用活页式账簿,也有采用卡片式账簿的(如固定资产),其样式有三栏式、多栏式及数量金额式等。

1) 三栏式明细分类账

三栏式明细分类账格式与三栏式总分类账格式相同,适用于只进行金额核算,不需要进行数量核算的结算类科目的明细分类核算的账户。如"短期借款""其他应收款""应付账款"等明细分类账。

2) 多栏式明细分类账

多栏式明细分类账是根据经济业务的特点和经营管理的需要,在一张账页内按有关明细科目或明细项目分设若干专栏,用以在同一张账页集中反映各有关明细科目或明细项目的核算资料。多栏式账页提供了更为详细的财务信息,适用于需要记录复杂经济业务的场景。按明细分类账登记的经济业务不同,多栏式明细分类账页又分为借方多栏、贷方多栏和借贷多栏三种格式。

借方多栏式明细分类账的账页格式主要用于借方需要设多个明细科目或明细项目的账户，如"材料采购""生产成本""制造费用""管理费用""营业外支出"等科目的明细分类核算。

贷方多栏式明细分类账的账页格式主要用于贷方需要设多个明细科目或明细项目的账户，如"主营业务收入""其他业务收入"等科目的明细分类核算。

借贷多栏式明细分类账的账页格式主要用于借贷方均需要设多个明细科目或明细项目的账户，如"应交税费""本年利润"等科目的明细分类核算。

3）数量金额式明细分类账

数量金额式明细分类账主要适用于需要同时记录数量和金额的明细科目，如"原材料""库存商品"等。数量金额式账页除了记录金额外，还详细记录了物品的数量和单价，便于企业进行库存管理和成本分析。

会计账簿的样式

三、任务处理

对于 2024 年 7 月 18 日，云城伟业智能装备制造有限公司人员张超报销差旅费 2 284 元这笔业务，根据记账凭证，会计人员需要对应填写明细账如下。

管理费用明细账

二级科目编号及名称：　　　　　　　　　　　　　　　　　　总第　页　分第　页

2024年		凭证		摘要	借方	贷方	借或贷	余额	(借)方金额分析			
月	日	字	号		千百十万千百十元角分	千百十万千百十元角分		千百十万千百十元角分	广告费	办公费	差旅费	水电费
1	1			期初余额			借	5 0 0 0 0 0				
7	18	转	×	张超报销差旅费	2 2 8 4 0 0		借	7 2 8 4 0 0			2 284	

其他应收款明细账

二级科目编号及名称：　　　　　　　　　　　　　　　　　　总第　页　分第　页

2024年		凭证		摘要	借方	贷方	借或贷	余额	√
月	日	字	号		千百十万千百十元角分	千百十万千百十元角分		千百十万千百十元角分	
1	1			期初余额	3 0 0 0 0 0		借	3 0 0 0 0 0	
7	18	转	×	张超报销差旅费		2 2 8 4 0 0	贷	7 1 6 0 0	

"管理费用"科目采用借方多栏式明细账登记,"其他应收款"科目采用三栏式明细账登记。

四、任务实践

小明在云城伟业智能装备制造有限公司实习,2024年8月5日,从银行提取3 500元现金备用,请问这笔经济业务应该如何在对应会计账簿中登记?

任务二 对账及更正错账

一、任务导入

云城伟业智能装备制造有限公司出纳王阳2024年7月1日在登记现金日记账时发现,错将"管理费用"科目的贷方金额1 300元误写为1 500元;7月4日在登记现金日记账时,又将"对应科目"栏中的"其他应收款"误记为"其他应付款"。现金日记账记录如下,请帮助王阳进行错账更正。

现金日记账

2024年		凭证		对应科目	摘要	借方									√	贷方									√	余额									√
月	日	字	号			千	百	十	万	千	百	十	元	角	分		千	百	十	万	千	百	十	元	角	分		千	百	十	万	千	百	十	元	角	分	
1	1				期初余额																										1	6	0	0	0	0	
7	现收	1		银行存款	提取备用金					5	0	0	0	0	0															6	6	0	0	0	0	
	1	现付	1	管理费用	购买办公用品																1	5	0	0	0	0				5	1	0	0	0	0	
	1	现付	2	其他应收款	张超预借差旅费																1	5	0	0	0	0				3	6	0	0	0	0	
	1				本日小计					5	0	0	0	0	0						3	0	0	0	0	0				3	6	0	0	0	0	
	4	现收	2	其他应付款	张超报销差旅费					1	5	0	0	0	0															5	1	0	0	0	0	

二、知识准备

对账是核对账目,是为了保证账簿记录的正确性而进行的有关账项的核对工作。账簿记录出现错记、漏记,出现账实不符的情况,需按照正确的方法进行更正,不准涂改、挖补、刮擦等。

（一）对账的内容

核对账目是保证账簿记录正确性的一项重要工作，对账的内容一般包括账证核对、账账核对和账实核对。

1. 账证核对

账证核对指账簿记录同记账凭证及其所附的原始凭证核对。账证核对在日常记账过程中就应进行，以便及时发现错账进行更正。这是保证账账相符、账实相符的基础。

2. 账账核对

账账核对指会计账簿之间相对应记录核对。具体包括：总分类账簿中全部账户的借方发生额合计与贷方发生额合计、期末借方余额合计与贷方余额合计分别核对；现金日记账和银行存款日记账的期末余额与总分类账中"库存现金"和"银行存款"账户的期末余额核对；总分类账户的月末余额与其所属的各明细分类账户月末余额的合计数核对；会计部门有关财产物资明细账的期末结存数与财产物资保管或使用部门相应的保管账（卡）的结存数核对。

3. 账实核对

账实核对是指将账面结存数同财产物资、款项等的实际结存数核对。这种核对是通过财产清查进行的，包括现金日记账的账面余额与库存现金实存数每日核对；银行存款日记账的账面记录与银行对账单核对，每月至少核对一次；财产物资明细账的结存数定期与财产物资实存数核对；各种应收款项、应付款项的明细分类账的账面余额与有关单位或个人核对。

（二）错账更正

错账更正是指对在会计核算过程中，由记账、算账、报账、编表等工作环节中的疏忽或错误而产生的账簿记录的错误所进行的纠正或追补。错账更正的方法主要有划线更正法、红字更正法和补充登记法三种。

1. 划线更正法

划线更正法适用于在结账前，发现账簿记录有错误，而记账凭证并无错误，只是过账不慎，纯属账簿记录中的文字或数字的笔误。

更正时，将错误的文字或者数字划红线注销，但必须使原有字迹仍可辨认；然后在划线上方填写正确的文字或者数字，并由记账人员和会计机构负责人在更正处盖章。对于错误的数字，应当全部划红线更正，不得只更正其中的错误数字；对于文字错误，可只划红线更正错误的部分。

2. 红字更正法

红字更正法适用于编制的记账凭证中会计科目错误或者方向错误，导致账簿记录的错误；以及编制的记账凭证中会计科目和方向没有错误，但所记金额大于应记的金额，导致账簿记录的错误两种情况。

1) 记账凭证中会计科目错误或者方向错误

更正时，先用红字金额填写一张与错误凭证相同的记账凭证，其中：在"摘要"栏注明冲销的是哪张记账凭证的错误，如"冲销2024年2月2日付字第2号记账凭证的错误"，并据以用红字金额登记入账，冲销原来错误的记录。然后，再用蓝字填写一张正确的记账凭证，"摘要"栏内写明更正的是哪张记账凭证的错误，如"订正2024年2月2日付字第2号记账凭证"，并据以登记入账。

例如，云城伟业智能装备制造有限公司以库存现金896元购买办公用品，会计人员在填制记账凭证时发生错误并根据错误的记账凭证登记了账簿。错误的会计凭证如下：

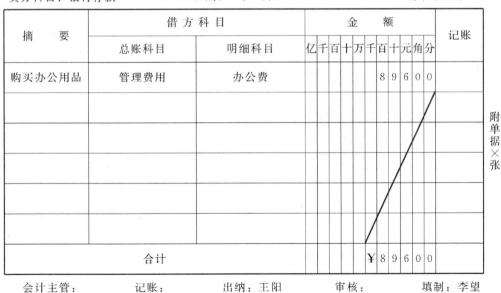

用红字更正法更正，先编制一张与原错误记账凭证内容相同而金额为红字的记账凭证，如下：

付 款 凭 证

贷方科目：银行存款　　　　　日期：×年×月×日　　　　　付字第×号

摘要	借方科目		金额	记账
	总账科目	明细科目	亿千百十万千百十元角分	
冲销×年×月×日付字第×号记账凭证的错误	管理费用	办公费	８９６００	
合计			￥　　　８９６００	

附单据×张

会计主管：　　记账：　　出纳：王阳　　审核：　　填制：李望

然后，用蓝字编制正确的记账凭证，如下：

付 款 凭 证

贷方科目：库存现金　　　　　日期：×年×月×日　　　　　付字第×号

摘要	借方科目		金额	记账
	总账科目	明细科目	亿千百十万千百十元角分	
订正×年×月×日付字第×号记账凭证	管理费用	办公费	８９６００	
合计			￥　　　８９６００	

附单据×张

会计主管：　　记账：　　出纳：王阳　　审核：　　填制：李望

最后，根据上述记账凭证登记账簿。

2）记账凭证中所记金额大于应记的金额

更正时，将多记金额用红字填写一张与原凭证相同的记账凭证，其中，在"摘要"

栏注明冲销的是哪张记账凭证多记的金额,如"冲销2024年2月2日付字第2号记账凭证多记金额",并据以用红字金额登记入账,冲销多记的金额。

上例中,如果会计人员填制记账凭证时所使用的会计科目及记账方向没有错误,只是将金额896元误记为986元,并登记入账,错误的会计凭证如下:

付 款 凭 证

贷方科目:库存现金　　　　　日期:×年×月×日　　　　　付字第×号

摘要	借方科目		金额	记账
	总账科目	明细科目	亿千百十万千百十元角分	
购买办公用品	管理费用	办公费	9 8 6 0 0	
合计			¥ 9 8 6 0 0	

附单据×张

会计主管:　　　记账:　　　出纳:王阳　　　审核:　　　填制:李望

红字更正法编制一张更正错误的记账凭证如下:

付 款 凭 证

贷方科目:库存现金　　　　　日期:×年×月×日　　　　　付字第×号

摘要	借方科目		金额	记账
	总账科目	明细科目	亿千百十万千百十元角分	
冲销×年×月×日付字第×号记账凭证多记金额	管理费用	办公费	9 0 0 0	
合计			¥ 9 0 0 0	

附单据×张

会计主管:　　　记账:　　　出纳:王阳　　　审核:　　　填制:李望

然后,根据上述记账凭证登记账簿。

3. 补充登记法

补充登记法适用于编制的记账凭证中的会计科目和方向没有错误，但所记金额小于应记的金额，导致账簿记录的错误。

更正时，将少记金额用蓝字填写一张与原凭证相同的记账凭证，在"摘要"栏内注明补记的是哪张记账凭证，如"补记2024年2月2日付字第2号记账凭证少记金额"，并据以登记入账，弥补少记的金额。

接上例，如果会计人员填制记账凭证时所使用的会计科目及记账方向没有错误，只是将金额896元误记为689元，并登记入账，错误的会计凭证如下：

付 款 凭 证

贷方科目：库存现金　　　　　日期：×年×月×日　　　　　付字第×号

摘　要	借方科目		金　额	记账
	总账科目	明细科目	亿千百十万千百十元角分	
购买办公用品	管理费用	办公费	6 8 9 0 0	
合计			￥　　　6 8 9 0 0	

会计主管：　　　记账：　　　出纳：王阳　　　审核：　　　填制：李望

更正时，使用补充登记法编制记账凭证如下：

付 款 凭 证

贷方科目：库存现金　　　　　日期：×年×月×日　　　　　付字第×号

摘　要	借方科目		金　额	记账
	总账科目	明细科目	亿千百十万千百十元角分	
补记×年×月×日付字第×号记账凭证少记金额	管理费用	办公费	2 0 7 0 0	
合计			￥　　　2 0 7 0 0	

会计主管：　　　记账：　　　出纳：王阳　　　审核：　　　填制：李望

然后，再根据上述记账凭证登记账簿。

三、任务处理

在现金日记账中错将"管理费用"科目的贷方金额 1 300 元误写为 1 500 元，将"对应科目"栏中的"其他应收款"误记为"其他应付款"，属于账簿记录有错误，而记账凭证并无错误。应将错误的文字或者数字划红线注销，但必须使原有字迹仍可辨认；然后在划线上方填写正确的文字或者数字，并由记账人员和会计机构负责人在更正处盖章。对于错误的数字，应当全部划红线更正，不得只更正其中的错误数字；对于文字错误，可只划红线更正错误的部分。改正后的会计账簿如下：

现金日记账

2024年		凭证		对应科目	摘要	√	借方								贷方								余额								√
月	日	字	号				千	百	十	万	千	百	十	元	角	分	千	百	十	万	千	百	十	元	角	分	千	百	十	万	千	百	十	元	角	分	
1	1				期初余额																										1	6	0	0	0	0	
7	1	现收	1	银行存款	提取备用金						5	0	0	0	0	0													6	6	0	0	0	0	
	1	现付	1	管理费用	购买办公用品																1 1	3 5	0 0	0 0	0 0	0 0				5 5	3 1	0 0	0 0	0 0	0 0	
	1	现付	2	其他应收款	张超预借差旅费																1	5	0	0	0	0				3 3	8 6	0 0	0 0	0 0	0 0	
	1			收	本日小计						5	0	0	0	0	0					2 3	8 0	0 0	0 0	0 0	0 0				3 5	8 1	0 0	0 0	0 0	0 0	
	4	现收	2	其他应付款	张超报销差旅费					1	5	0	0	0	0														5 5	3 1	0 0	0 0	0 0	0 0	

(更正处盖章：张森 王阳)

四、任务实践

云城伟业智能装备制造有限公司出纳王阳 2024 年 8 月在对账时发现，8 月 5 日，银收 22 号凭证将货款 680 000 元错填为 650 000 元，并已根据错误凭证登记了银行存款日记账，错误凭证如下：

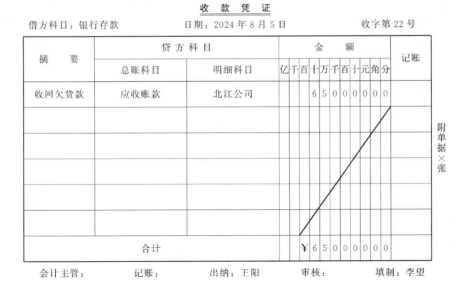

8月15日，银付第47号凭证报销销售部职工差旅费借方科目"销售费用"错记到"管理费用"中，错误凭证如下：

付 款 凭 证

贷方科目：银行存款　　　　　日期：2024 年 8 月 15 日　　　　　付字第 47 号

摘　要	借 方 科 目		金　额	记账
	总账科目	明细科目	亿千百十万千百十元角分	
报销销售部职工差旅费	管理费用	差旅费	6 7 5 0 0 0	
	合计		￥ 6 7 5 0 0 0	

附单据×张

会计主管：　　　　记账：　　　　出纳：王阳　　　　审核：　　　　填制：李望

请思考以上错账应该怎么改正？

任务三　结账、更换及保管会计账簿

一、任务导入

小明在实习期间发现，公司财务部的柜子里堆放了很多以前年度的会计账簿。他就想把这些账簿等资料带回家查阅和学习，结果被财务部经理严词拒绝了。

请问为什么不能？

二、知识准备

结账是指在一定会计期间（如月、季、年度）将本期内所有发生的经济业务全部登记入账以后，计算出本期发生额及期末余额。结账工作建立在会计分期前提下。根据结账时期的不同，可以分为月结、季结和年结三种。

（一）结账的程序和方法

1. 结账的程序

① 将本期发生的经济业务全部登记入账，并保证其正确性；

② 按权责发生制的要求，调整有关账项，合理确定本期应记收入和应记费用，确保所有的收入和费用都在正确的会计期间内被记录；

③ 将损益类科目转入"本年利润"科目，结平所有损益类科目；

④ 各种资产、负债和所有者权益账户，分别结出各账户的本期发生额和期末余额，并结转下期。

2. 结账的方法

① 对于不需要按月结出发生额的账户，如债权债务明细账、各项资产物资明细账等，每次记账以后，都要随时结出余额，月末结账时，只需在最后一笔经济业务记录之下通栏划单红线，不需要再结出一次余额。

② 库存现金、银行存款日记账和需要按月结出发生额的收入、费用等明细账，每月结账时，要结出本月发生额和余额，在"摘要"栏注明"本月合计"，并在下面通栏划单红线。

③ 需要结出本年累计发生额的某些明细账户，如收入、费用等明细账，应在"本月合计"行下结出自年初至本月末止的累计发生额，登记在月份发生额下面，"摘要"栏写"本年累计"字样，在下面通栏划单红线，12月末的"本年累计"就是全年累计发生额，全年累计发生额下通栏划双红线。

④ 总账账户平时只需要结出月末余额。年终结出全年发生额和余额，"摘要"栏内注明"本年合计"并在其下通栏划双红线。

⑤ 年度终了有余额的要将余额转入下年，新旧账有关账户之间转记余额，不必编制记账凭证。"摘要"栏写"结转下年"字样；下一年度新建账户第一行"余额"栏填写上年结转余额，并在"摘要"栏注明"上年结转"或"年初余额"字样。

结账的格式

（二）更换会计账簿

会计账簿的更换通常在新会计年度建账时进行。在新会计年度开始时，除固定资产明细账等少数账簿因变动不大可跨年度使用而不必办理更换新账手续外，其余账簿如总账、日记账和多数明细账一般都应结束旧账，启用新账。

为了保证账簿记录的合法性和完整性并明确责任，每本新账簿在启用时应在账簿扉页填写账簿启用和经管人员一览表。更换新账簿时，可直接将各旧账的年末余额抄到相对应的新账中。同时，在新账的第一项第一行"日期"栏内注明"1月1日"，在"摘要"栏内注明"上年结转"字样，在"借或贷"栏内注明余额方向。

(三)保管会计账簿

单位应当加强会计档案管理工作,建立和完善会计档案的收集、整理、保管、利用和鉴定销毁等管理制度,采取可靠的安全防护技术和措施,保证会计档案的真实、完整、可用、安全。会计档案的保管期限分为永久、定期两类。定期保管期限一般分为10年和30年。

单位的会计机构或会计人员所属机构按照归档范围和归档要求,负责定期将应当归档的会计资料整理立卷,编制会计档案保管清册。当年形成的会计档案,在会计年度终了后,可由单位会计管理机构临时保管一年,再移交单位档案管理机构保管。因工作需要确需推迟移交的,应当经单位档案管理机构同意。单位会计管理机构临时保管会计档案最长不超过三年。临时保管期间,会计档案的保管应当符合国家档案管理的有关规定,且出纳人员不得兼管会计档案。

单位会计管理机构在办理会计档案移交时,应当编制会计档案移交清册,并按照国家档案管理的有关规定办理移交手续。纸质会计档案移交时应当保持原卷的封装。电子会计档案移交时应当将电子会计档案及其元数据一并移交,且文件格式应当符合国家档案管理的有关规定。特殊格式的电子会计档案应当与其读取平台一并移交。单位档案管理机构接收电子会计档案时,应当对电子会计档案的准确性、完整性、可用性、安全性进行检测,符合要求的才能接收。

单位应当严格按照相关制度利用会计档案,在进行会计档案查阅、复制、借出时履行登记手续,严禁篡改和损坏。单位保存的会计档案一般不得对外借出。确因工作需要且根据国家有关规定必须借出的,应当严格按照规定办理相关手续。会计档案借用单位应当妥善保管和利用借入的会计档案,确保借入会计档案的安全完整,并在规定时间内归还。

单位应当定期对已到保管期限的会计档案进行鉴定,并形成会计档案鉴定意见书。经鉴定,仍需继续保存的会计档案,应当重新划定保管期限;对保管期满,确无保存价值的会计档案,可以销毁。

三、任务处理

小明是不能随意将公司的会计账簿带回家查阅的。根据《会计档案管理办法》的规定:单位应当严格按照相关制度利用会计档案,在进行会计档案查阅、复制、借出时履行登记手续,严禁篡改和损坏。单位保存的会计档案一般不得对外借出。确因工作需要且根据国家有关规定必须借出的,应当严格按照规定办理相关手续。

同时,大量旧账存放在财会部门也是违反规定的。根据《会计档案管理办法》的规定,当年形成的会计档案,在会计年度终了后,可由单位会计管理机构临时保管一年,再移交单位档案管理机构保管。因工作需要确需推迟移交的,应当经单位档案管理机构同意。单位会计管理机构临时保管会计档案最长不超过三年。

四、任务实践

云城伟业智能装备制造有限公司为增值税一般纳税人，2024年1月，财务部门准备将2021年度的会计档案进行移交，请问相关会计人员应该怎样办理移交手续，需要注意哪些问题？

项目实训

1. 实训背景

（1）云城伟业智能装备制造有限公司为增值税一般纳税人，2024年1月1日公司启用新账簿，该公司2024年1月1日各账户期初余额如表4-3和表4-4所示。

表4-3　总账账户期初余额表（1）　　　　　　　　　　　　　　　　　　　单位：元

账户名称	借方余额	贷方余额
库存现金	3 000	
银行存款	100 000	
应收账款	160 000	
原材料	120 000	
固定资产	500 000	
短期借款		300 000
应付账款		225 000
实收资本		200 000
管理费用		158 000
合计	883 000	883 000

表4-4　总账账户期初余额表（2）　　　　　　　　　　　　　　　　　　　单位：元

总账账户名称	明细账户名称	数量/千克	单位成本	金额
原材料	甲材料	20 000	5	100 000
	乙材料	500	40	20 000
小计				120 000
应收账款	创维技术有限公司			75 000
	新城鼎润有限公司			85 000
小计				160 000

续表

总账账户名称	明细账户名称	数量/千克	单位成本	金额
应付账款	新塑新材料有限公司			125 000
	厉盛环保技术有限公司			100 000
小计				225 000

（2）云城伟业智能装备制造有限公司 2024 年 8 月在会计检查中发现 6 月有 3 笔错账；

① 8 日，行政部门购买办公用品（档案盒）单价 12.5 元，购买了 30 个，以现金支付。错误分录如下，已入账：

借：管理费用　　　　　　　　　　　　　　　675
　　贷：库存现金　　　　　　　　　　　　　　　　675

② 10 日，生产车间生产 B 产品耗用甲材料 55 000 元。错误分录如下，已入账：

借：制造费用　　　　　　　　　　　　　　55 000
　　贷：原材料——甲材料　　　　　　　　　　　55 000

③ 28 日，支付前欠新塑新材料有限公司材料款 125 000 元，转账付清。错误分录如下，已入账：

借：应收账款——新塑新材料有限公司　　　215 000
　　贷：银行存款　　　　　　　　　　　　　　　215 000

2. 实训要求

（1）请按要求设置、启用和登记账簿。
（2）请用正确的更正方法对凭证予以更正，并进行账簿更正。

学习效果测评

项目测评表

知识测评		
知识点	评价指标	自评结果
知识点 1	1.	□A⁺　□A　□B　□C　□C⁻
	2.	□A⁺　□A　□B　□C　□C⁻
	3.	□A⁺　□A　□B　□C　□C⁻
知识点 2	1.	□A⁺　□A　□B　□C　□C⁻
	2.	□A⁺　□A　□B　□C　□C⁻
	3.	□A⁺　□A　□B　□C　□C⁻

续表

能力测评			
技能点	评价指标		自评结果
技能点1	1.		□A⁺ □A □B □C □C⁻
	2.		□A⁺ □A □B □C □C⁻
	3.		□A⁺ □A □B □C □C⁻
技能点2	1.		□A⁺ □A □B □C □C⁻
	2.		□A⁺ □A □B □C □C⁻
	3.		□A⁺ □A □B □C □C⁻
素养测评			
素养点	评价指标		自评结果
素养点1	1.		□A⁺ □A □B □C □C⁻
	2.		□A⁺ □A □B □C □C⁻
	3.		□A⁺ □A □B □C □C⁻
素养点2	1.		□A⁺ □A □B □C □C⁻
	2.		□A⁺ □A □B □C □C⁻
	3.		□A⁺ □A □B □C □C⁻
薄弱项记录			
我掌握得不太好的知识			
我还没有掌握的技能			
我想提升的素养			
教师签字			

项目五　认识财产清查

项目背景

为了保证会计信息的真实可靠和财产物资的安全完整，提高资产的使用效率，企业必须建立健全财产清查制度。财产清查是一种专门方法，用于对各项财产物资进行实物盘点、账面核对和对各项往来款项进行查询和核对，以确保账账、账实相符。财产清查按照清查的对象和范围不同，分为全面清查和局部清查；按照清查的时间不同，分为定期清查和不定期清查；按照财产清查的执行单位不同，分为内部清查和外部清查。

财产清查的分类

本项目围绕库存现金、银行存款、实物资产、往来款项的清查，将帮助学习者了解财产清查的意义，熟悉财产清查的方法，学习财产清查结果的处理。

学习目标

◆ **知识目标**

了解财产清查的概念、原因和种类；
熟悉财产清查的方法；
掌握财产清查结果的处理方法。

◆ **能力目标**

能正确运用财产清查的方法；
能按照财产清查结果处理的程序对财产清查结果进行相应的处理。

◆ **素养目标**

引导学生树立遵纪守法、诚实守信、恪尽职守的职业素养；
引导学生践行工匠精神，养成严谨细致、精益求精的工作态度；
引导学生培养风险意识，做好廉洁风险点防控。

工作场景与要求

云城伟业智能装备制造有限公司年末开展财产清查工作。为了协助财务人员完成财产清查任务，小明需明确财产清查的目标，根据财产清查的要求及方法对公司的财产物资进行清查，了解财产清查结果的处理程序，对财产清查结果进行相应的账务处理，以保证公司财产物资的安全完整及账簿资料的真实可靠。

任务一 货币资金的清查

一、任务导入

云城伟业智能装备制造有限公司 2024 年 7 月 31 日开展银行存款清查。银行存款日记账账面余额为 500 000 元，银行对账单余额为 520 000 元。经查余额不符原因为以下未达账项所致：

① 银行为云城伟业智能装备制造有限公司代付电费 30 000 元，但云城伟业智能装备制造有限公司尚未接到银行付款通知，尚未记账；

② 云城伟业智能装备制造有限公司开出转账支票 69 000 元，并已登记银行存款减少，但持票单位尚未到银行办理转账，银行尚未记账；

③ 银行计算的云城伟业智能装备制造有限公司三季度存款利息收入 1 000 元已入账，但云城伟业智能装备制造有限公司尚未收到收款凭证，尚未记账；

④ 云城伟业智能装备制造有限公司送存转账支票 20 000 元，并已登记银行存款增加，但银行尚未记账。

根据上述资料，请问小明应如何编制云城伟业智能装备制造有限公司 2024 年 7 月 31 日的银行存款余额调节表呢？

二、知识准备

货币资金是指企业在生产经营过程中处于货币形态的资金，包括库存现金、银行存款和其他货币资金。企业应根据清查资产的特点和清查要求选择适当的清查方法，开展清查工作。

（一）库存现金的清查

为了保证现金的安全完整，确保账实相符，杜绝违反《现金管理暂行条例》的情况，企业需对现金进行定期和不定期的清查。

1. 库存现金清查的范围

库存现金清查的范围包括库存现金的实有数额与账面数额是否相符，库存现金是否按《现金管理暂行条例》的规定用途支出，库存现金余额是否超过银行所规定的库存现金限额，有无白条抵库的情况，有无违反单位其他现金管理制度的情况等。

2. 库存现金清查的方法

库存现金清查的方法是实地盘点法。在盘点之前，出纳人员应先将现金收、付款凭证全部登记入账，并结出余额。盘点时，出纳人员必须在场，一般由会计主管或财务负责人和出纳人员共同清点出各种面值钞票的张数和硬币的个数，并填制库存现金盘点报告表。该表由盘点人员和出纳人员共同签名或盖章。盘点时除查明库存现金账实是否相符外，还要查明有无违反现金管理制度规定，有无以白条抵充现金，库存现金余额是否超过银行所规定的库存现金限额，有无坐支现金，有无挪用舞弊等情况。库存现金盘点报告表的一般格式如下：

库存现金盘点报告表

单位名称：　　　　　　　　　　年　月　日　　　　　　　　　　单位：元

实存金额	账存金额	实存与账存对比		备注
		盘盈	盘亏	

盘点人签章：　　　　　　　　　　　　　　　　　　　出纳人签章：

3. 库存现金清查结果的处理

进行库存现金清查结果的处理，主要设置"待处理财产损益"账户。"待处理财产损益"账户是资产类账户，用以核算企业在财产清查过程中查明的各种财产的盘盈、盘亏和毁损的价值等。借方登记待处理财产物资的盘亏和毁损数以及经批准后转销的盘盈数；贷方登记待处理财产物资的盘盈数以及经批准后转销的盘亏和毁损数；期末结转后应无余额。

库存现金清查
结果的账务处理

（二）银行存款的清查

为了保证银行存款的资金安全，企业每个月月末须由出纳人员与清查人员对银行存款进行核对清查。

1. 银行存款清查的方法

银行存款的清查，是通过与开户银行核对账目的方法来完成的，即需要逐笔核对企业的银行存款日记账和开户银行提供的对账单，以确定银行存款的实际数额。在清查前，出纳人员应分别结出各账户的银行存款日记账余额，取得各账户的银行对账单；将企业银行存款日记账与银行对账单进行逐笔核对，若二者余额相符，一般说明无错误；若发现不相符，则可能存在未达账项或有一方存在记账错误。

2. 未达账项的处理

未达账项是指企业与银行之间收、付款的结算凭证在传递、接收时间上的不一致而导致的一方已经入账、另一方因没有接到凭证尚未入账的事项。未达账项的存在必然会导致银行存款日记账与银行对账单余额不符。

企业与银行之间的未达账项，分为以下四种情况：企业已收款，银行未收款；企业已付款，银行未付款；银行已收款，企业未收款；银行已付款，企业未付款。银行存款日记账余额、银行对账单余额和未达账项之间的关系用公式表示为：

企业银行存款日记账余额＋银行已收、企业未收款项－银行已付、企业未付款项＝银行对账单余额＋企业已收、银行未收款项－企业已付、银行未付款项

为消除未达账项的影响，企业应根据核对后发现的未达账项，编制银行存款余额调节表。银行存款余额调节表编制完毕后，如调节后余额相符，说明银行存款账实相符；如调节后余额仍不符，说明银行存款账实不符，需进一步组织相关人员查找错、漏账，并视情节的不同追究相关人员的责任。银行存款余额调节表的一般格式如下：

银行存款余额调节表

年　月　日　　　　　　　　　　　　　　　　　　　　　　　　单位：元

项目	余额	项目	余额
企业银行存款日记账余额		银行对账单余额	
加：银行已收、企业未收款项		加：企业已收、银行未收款项	
减：银行已付、企业未付款项		减：企业已付、银行未付款项	
调节后的存款余额		调节后的存款余额	

三、任务处理

根据本任务导入中的银行存款日记账账面余额、银行对账单余额以及查找出来的未

达账项的金额，编制银行存款余额调节表如下：

银行存款余额调节表

2024 年 7 月 31 日　　　　　　　　　　　　　　　　　　单位：元

项目	余额	项目	余额
云城伟业智能装备制造有限公司银行存款日记账余额	500 000	银行对账单余额	520 000
加：银行已收、企业未收款项	1 000	加：企业已收、银行未收款项	20 000
减：银行已付、企业未付款项	30 000	减：企业已付、银行未付款项	69 000
调节后的存款余额	471 000	调节后的存款余额	471 000

在此银行存款余额调节表中，调节后的存款余额相等，说明银行存款账实相符，调节后的存款余额为云城伟业智能装备制造有限公司当时可以实际动用的银行存款数额。

四、任务实践

云城伟业智能装备制造有限公司 2024 年 8 月 31 日银行存款日记账的余额为 300 000 元，银行对账单的余额为 282 000 元，经核对发现以下未达账项：

① 企业将收到的销售货款 50 000 元存入银行，企业已登记银行存款增加，而银行尚未登记增加；

② 企业开出转账支票 28 000 元购买原材料，企业已登记银行存款减少，而银行尚未登记减少；

③ 收到其他单位支付的购货款 18 000 元，银行已登记增加，企业尚未登记增加；

④ 银行代企业支付水电费 14 000 元，银行已登记减少，企业尚未登记减少。

根据上述材料填写银行存款余额调节表。

银行存款余额调节表

年　月　日　　　　　　　　　　　　　　　　　　　　单位：元

项目	余额	项目	余额
企业银行存款日记账余额		银行对账单余额	
加：银行已收、企业未收款项		加：企业已收、银行未收款项	
减：银行已付、企业未付款项		减：企业已付、银行未付款项	
调节后的存款余额		调节后的存款余额	

任务二 实物资产的清查

一、任务导入

云城伟业智能装备制造有限公司对存货进行清查,以核对账实是否相符。在清查中发现,实地盘点甲材料的实存数量是 4 200 千克,金额是 420 000 元,甲材料的账面记录的结存数量是 4 000 千克,金额是 400 000 元。

请问这种情况属于存货盘亏还是盘盈,应该如何处理?

二、知识准备

存货的清查,是指对各类材料、商品、在产品、半成品、产成品、低值易耗品、包装物等进行的清查工作。

(一)财产物资的盘存制度

企业财产物资的盘存制度通常有以下两种。

1. 永续盘存制

永续盘存制又称账面盘存制,是指对各项财产物资的增减变动情况,都必须根据会计凭证在有关账簿中进行连续登记,并随时在账簿中结算出各项财产物资结存数的一种盘存制度。采用永续盘存制,可以随时掌握各项财产物资的增减变动和结存情况,虽然日常的核算工作比较复杂,但有利于加强财产物资的管理。因此,一般情况下,各单位均应采用这种盘存制度。

存货的计价方法

采用永续盘存制的单位,仍然要对各项财产物资进行定期或不定期的清查盘点,以便查明账实是否相符。对于账实不符的,要及时查明原因,按照有关规定进行处理,以达到账实相符的目的。

2. 实地盘存制

实地盘存制又称定期盘存制,是指对各种财产物资平时只在明细账簿中登记增加数,不登记减少数,期末根据对财产物资实地盘点的结存数倒算出财产物资的减少数,并据以登记有关账簿的一种盘存制度。采用实地盘存制,由于平时不需要计算、记录财产物资的减少数和结存数,可以大大减少日常核算工作量,财产物资的收发手续也比较简单，但不利于存货的控制和管理，会影响日常核算的真实性和正确性，也不利于保护财产物资的安全完整。所以，企业一般很少采用这种盘存制度。

（二）实物资产的清查方法

由于实物的形态不同，体积、重量和码放方式也各不相同，所以对其清查时也要使用不同的方法。一般有以下几种方法。

1. 实地盘点法

实地盘点法是指对财产物资进行实地逐一清点或使用计量仪器进行测量，以确定其实际数量的方法。该方法广泛适用于包装好的原材料、库存商品等物资，能够提供较高的准确度。

2. 技术推算法

技术推算法是指利用技术手段对财产物资的实际数量进行推算的一种方法，广泛应用于大规模堆放、散装且难以逐一清点的财产物资，例如煤炭、食盐和化肥等。该方法能够通过科学的计算和分析，对这些财产物资的数量进行准确推算，提高工作效率并减少人力资源消耗。

3. 抽样盘点法

抽样盘点法是采用抽样检查确定各项财产物资实存数的方法，一般适用于单位价值较低、数量较多的资产。

（三）清查结果及处理

在清查过程中，应以各项存货目录规定的名称和规格为准，先确定各项存货的名称和规格，然后再盘点数量并核实质量。为了明确经济责任和方便查询，清查人员应及时将盘点的数量和质量情况如实记录在盘存单中，并由盘点人员和存货保管人员签名或盖章。盘存单是记录存货盘点结果并反映存货实有数的原始凭证。盘存单的一般格式如下：

盘存单

单位名称： 盘点时间： 编号：
财产类别： 存放地点： 单位：元

序号	名称	规格型号	计量单位	实存数量	单价	金额	备注

盘点人签章： 保管人签章：

盘点结束后，清查人员应将盘存单中记录的实存数与账面结存数进行核对，并填制实存账存对比表，将其作为财产清查结果的原始凭证。实存账存对比表的一般格式如下：

实存账存对比表

单位名称： 　　　　　　　　　年　月　日　　　　　　　　　单位：元

编号	类别及名称	计量单位	单价	实存		账存		对比结果				备注
								盘盈		盘亏		
				数量	金额	数量	金额	数量	金额	数量	金额	

主管负责人：　　　　　　　复核人：　　　　　　　制表人：

实物资产清查的结果有三种情况：① 实存数大于账存数，即盘盈；② 实存数小于账存数，即盘亏；③ 实存数等于账存数，账实相符。财产清查结果的处理一般指的是对账实不符，即盘盈、盘亏情况的处理，但在账实相符的情况下，如果财产物资发生变质、霉烂及毁损时，也是其处理的对象。发生盘盈、盘亏或毁损等情况，企业应及时查找原因，并通过"待处理财产损益"账户进行账务处理。

存货清查结果的账务处理

三、任务处理

本任务导入中，云城伟业智能装备制造有限公司财产清查中发现的甲材料的实存金额大于账面金额，属于存货盘盈的情况。企业应做好清查结果的账务处理，按照该材料的重置成本，借记"原材料"账户，贷记"待处理财产损益"账户；如果属于计量工具不准等原因导致的，按照规定程序批准转销时，对于盘盈的金额，借记"待处理财产损益"账户，贷记"管理费用"等账户。

四、任务实践

永续盘存制下，日常会计核算的会计账簿既记录财产物资增加，又记录其减少，并随时在账簿中结算出各项财产物资结存数。请思考在永续盘存制下，是否还需对财产物资进行实地盘点？

任务三　往来款项的清查

一、任务导入

云城伟业智能装备制造有限公司 2023 年在交易过程中与多个公司形成了应收应付等往来款项。年末,公司进行财产清查,需明确上述应收款项、应付款项的账户记录金额与实际金额是否相符,有无货款被截留或被挪用的情况。

请问公司如何对应收和应付往来款项进行核对?出现账实不符该如何处理?

二、知识准备

往来款项清查是指对应收账款、应付账款、预收账款、预付账款等进行的清查。通过往来款项的清查,企业可以及时了解各项债权、债务的真实情况是否与其账面记录相符。

(一)往来款项清查的内容和方法

往来款项的清查一般采用函证核对法,即企业根据债权、债务的有关账户记录,按每一个往来单位填制往来款项对账单,通过信函、电函寄发或派人送交对方,与其进行债权、债务情况的核对,并提请对方回复。往来款项对账单的一般格式如下:

往来款项对账单

_____公司:

根据我公司账簿记录,贵公司与我公司的往来款项如下:

截止日期	欠贵公司	贵公司欠

请贵公司核对后签章证明,并将此信寄回,如有不符,请将具体情况(包括内容、金额、不符原因)告知我公司。

公司(签章)

年　月　日

沿此线裁开,请将以下回单联寄回。

(注:本函仅是核对账目,如结账日期后已付清,仍请函复。)

```
┌─────────────────────────────────────────────────┐
│              往来款项对账单（回联）              │
│  ____公司：                                      │
│     来函收悉，本公司与贵公司的往来账目在所述结账 │
│  日期，经核对，相符/不符                         │
│  （具体金额）。                                  │
│                                                  │
│                              公司（签章）        │
│                                 年   月   日     │
└─────────────────────────────────────────────────┘

### （二）往来款项清查结果的处理

往来款项清查以后，将清查结果编制成往来款项清查报告单，填列各项债权、债务的余额。对于有争议的款项以及无法收回的款项，应在报告单上详细列明情况，以便及时采取措施进行处理，避免和减少坏账损失。如果企业的债务人已经破产清算，或确实没有还债能力，其原来所欠的款项就有可能全部或部分收不回来，由此给企业造成损失，这种损失在会计上称为坏账损失。

## 三、任务处理

云城伟业智能装备制造有限公司在清查前，应由往来会计人员对本公司账簿中所记录的债权、债务事项逐项进行核对，自行检查账簿记录是否完整正确，并对发现的差错和未及时入账的事项，按规定更正并及时入账后结出各往来明细账户的余额。由清查人员根据往来会计人员所提供的各往来明细账户余额编制往来款项对账单，通过发函给客户和供应商确认余额，与银行对账单进行核对，确保所有交易记录无误。还可利用会计软件跟踪往来账项，定期进行内部审查，以确保及时收款和付款，从而维护账目的准确性和财务透明度。

当发现应收、应付款项存在账实不符时，公司应立即启动调查程序，查明差异原因，可能是记录错误、遗漏或欺诈行为。一旦发现问题，需对账簿进行调整，追回应收款项、补充支付应付款项或确认坏账损失。

## 四、任务实践

请思考和讨论企业为什么需要清查往来款项？往来款项清查对企业防范经营风险、保障资金安全有什么好处？
```

项目实训

1. 实训背景

云城伟业智能装备制造有限公司财产清查领导小组对公司的库存现金、银行存款、存货、往来款项等进行了全面清查。在对现金清查时，发现长款 1 000 元，无法查明原因。在清查存货时，盘亏乙材料 3 000 千克，实际总成本 500 000 元，经查明，属于非常事故造成的损失，保险公司应给予 20 000 元的赔偿。在清查往来款项时发现，云城伟业智能装备制造有限公司 2022 年 1 月销售一批产品给丙企业，价款共计 100 000 元，款项尚未收到，2023 年仍未收回该款项。

2. 实训要求

针对上述背景资料，分析如何对财产清查过程中盘亏、盘盈的金额进行处理？

学习效果测评

项目测评表

知识测评			
知识点	评价指标		自评结果
知识点1	1.		□A⁺ □A □B □C □C⁻
	2.		□A⁺ □A □B □C □C⁻
	3.		□A⁺ □A □B □C □C⁻
知识点2	1.		□A⁺ □A □B □C □C⁻
	2.		□A⁺ □A □B □C □C⁻
	3.		□A⁺ □A □B □C □C⁻
能力测评			
技能点	评价指标		自评结果
技能点1	1.		□A⁺ □A □B □C □C⁻
	2.		□A⁺ □A □B □C □C⁻
	3.		□A⁺ □A □B □C □C⁻
技能点2	1.		□A⁺ □A □B □C □C⁻
	2.		□A⁺ □A □B □C □C⁻
	3.		□A⁺ □A □B □C □C⁻

续表

素养测评			
素养点	评价指标		自评结果
素养点 1	1.		☐A⁺ ☐A ☐B ☐C ☐C⁻
	2.		☐A⁺ ☐A ☐B ☐C ☐C⁻
	3.		☐A⁺ ☐A ☐B ☐C ☐C⁻
素养点 2	1.		☐A⁺ ☐A ☐B ☐C ☐C⁻
	2.		☐A⁺ ☐A ☐B ☐C ☐C⁻
	3.		☐A⁺ ☐A ☐B ☐C ☐C⁻
薄弱项记录			
我掌握得不太好的知识			
我还没有掌握的技能			
我想提升的素养			
教师签字			

项目六　认识会计报表

项目背景

会计报表是企业财务会计工作的最终成果，是企业根据日常的会计核算资料收集、加工和汇总后形成的，是会计核算账务处理程序的最后一个步骤，也是连接下一个会计期间的起点。会计报表按照所反映经济业务内容的不同，可以分为静态会计报表和动态会计报表；按编报期间的不同，可以分为中期会计报表和年度会计报表；按编报主体的不同，可以分为个别会计报表和合并会计报表。

本项目将帮助学习者了解资产负债表、利润表的格式，掌握资产负债表、利润表的编制方法，读懂会计报表提供的财务信息。

学习目标

◆ **知识目标**

理解资产负债表、利润表的概念；
了解资产负债表、利润表的格式；
掌握资产负债表、利润表的编制方法。

◆ **能力目标**

能够读懂会计报表提供的财务信息；
能够编制资产负债表和利润表；
能够初步客观评价企业的财务状况和经营成果。

◆ **素养目标**

引导学生树立遵纪守法、诚实守信、恪尽职守的职业素养；
引导学生践行工匠精神，养成严谨细致、精益求精的工作态度；
引导学生具备大数据思维，具有财务信息收集、加工及输出的能力。

工作场景与要求

财务报表是向会计信息使用者提供对决策有用信息的媒介和渠道,是沟通投资者、债权人等使用者与企业管理层之间信息的桥梁和纽带。小明进入公司,在会计李望的指导下,学会了资产负债表、利润表的编制方法,能读懂会计报表提供的财务信息,并能借助会计报表初步客观评价企业的财务状况和经营成果。

任务一 资产负债表

一、任务导入

云城伟业智能装备制造有限公司2023年12月全部总账和有关明细账如表6-1所示。

表6-1 2023年12月全部总账和有关明细账

编制单位:云城伟业智能装备制造有限公司　　　　　　　　　　　　　　　　单位:元

总账	明细账	借方余额	贷方余额	总账	明细账	借方余额	贷方余额
库存现金		6 459.11		短期借款			0
银行存款		3 393 540.89		应付账款			13 455.00
交易性金融资产		0			C公司		19 000.00
应收账款		1 856 000.00			D公司	5 545.00	
	A公司	1 948 000.00		预收账款			0
	B公司		92 000.00	其他应付款			66 000.00
预付账款			0	应付职工薪酬			350 000.00
其他应收款		0		应交税费			182 000.00
原材料		314 100.00		应付股利			0

续表

总账	明细账	借方余额	贷方余额	总账	明细账	借方余额	贷方余额
生产成本		17 900.00		应付利息			0
库存商品		381 000.00		长期借款			0
长期股权投资		0		应付债券			0
固定资产		13 592 422.00		实收资本			15 000 000.00
累计折旧			1 098 130.33	资本公积			0
在建工程		0		盈余公积			0
无形资产		82 163.33		利润分配	未分配利润		2 934 000.00
长期待摊费用		0					

请问应如何根据以上资料编制资产负债表？

二、知识准备

资产负债表主要反映资产、负债和所有者权益三方面的内容，是根据"资产＝负债＋所有者权益"会计等式编制而成的。

（一）资产负债表的概念

资产负债表是反映企业在某一特定日期（如月末、季末、半年末、年末）财务状况的报表。资产负债表可以反映企业在某一特定日期所拥有或控制的经济资源、所承担的现时义务和所有者对净资产的要求权，帮助财务报表使用者全面了解企业的财务状况、分析企业的偿债能力等情况，从而为其做出经济决策提供依据。

（二）资产负债表的格式

我国企业的资产负债表采用账户式结构。资产负债表一般有表首、正表和脚注三个部分。其中，表首概括地说明报表名称、编制单位、编制日期、计量单位等；正表是资产负债表的主体和核心，列示资产、负债和所有者权益各项目的年初余额与期末余额；脚注部分列明制表人、审核人等。

资产负债表正表按"资产＝负债＋所有者权益"的会计等式编制，是左右结构，左边列示资产，右边列示负债和所有者权益。资产按照其流动性分类分项列示，包括流动资产和非流动资产；负债一般按要求清偿时间的先后顺序列示，包括流动负债和非流动负债；所有者权益按照"实收资本""资本公积""盈余公积""未分配利润"等项目分项列示。账户式资产负债表中的资产各项目的合计等于负债和所有者权益各项目的合计,即资产负债表左边和右边平衡。因此,账户式资产负债表可以反映资产、负债、所有者权益之间的内在关系,即"资产=负债+所有者权益"。

(三)资产负债表的编制方法

1. 资产负债表中"年初数"和"期末数"的填列方法

资产负债表各个项目均需填列"期末数"和"年初数"两栏。其中,"年初数"栏内各项数字应根据上年末资产负债表中的"期末数"栏内所列数字填列。如果上年度资产负债表规定的各个项目的名称和内容与本年度不一致,应对上年年末资产负债表各个项目的名称和数字按照本年度的规定进行调整,按调整后的数字填入本年度资产负债表的"年初数"栏内。期末数是指在某一会计期末(即月末、季末、半年末或年末)核算得到的数字。资产负债表中各个项目"期末数"栏内的数字,可通过以下几种方式填列。

1)根据总账账户的期末余额填列

如资产负债表中的"短期借款"项目,应当根据其相关总账账户的期末余额直接填列;有些项目则需根据几个总账账户的期末余额计算填列,如"货币资金"项目,需根据"库存现金""银行存款""其他货币资金"三个总账账户的期末余额的合计数填列。

2)根据有关明细账账户的期末余额计算填列

如资产负债表中的"应付账款"项目,应当根据"应付账款"及"预付账款"账户所属明细账期末贷方余额合计填列。

3)根据总账账户和明细账账户的期末余额分析计算填列

如资产负债表中的"长期借款"项目,应当根据"长期借款"总账账户期末余额扣除"长期借款"账户所属明细账中将于一年内到期且企业不能自主地将清偿义务展期的长期借款后的金额部分填列。

4)根据有关账户期末余额减去其备抵账户期末余额后的净额填列

如资产负债表中的"固定资产"项目,应当根据"固定资产"账户的期末余额减去"累计折旧""固定资产减值准备"等账户期末余额后的净额填列。

5)综合运用上述填列方法分析填列

如资产负债表中的"存货"项目,需要根据"原材料""库存商品""委托加工物资""周转材料""材料采购""在途物资""发出商品""材料成本差异"等账户期末余额的分析汇总数,再减去"存货跌价准备"账户期末余额后的净额填列。

2. 资产负债表中具体项目的填列方法

鉴于项目较多，现将常见项目的填列方法列示如下。

1)"货币资金"项目

"货币资金"项目反映企业库存现金、银行存款、外埠存款、银行汇票存款、银行本票存款、信用证保证金存款等的合计数。本项目应根据"库存现金""银行存款""其他货币资金"账户的期末余额合计数填列。

2)"交易性金融资产"项目

"交易性金融资产"项目反映企业打算通过积极管理和交易以获取利润的债权证券和权益证券，它是以公允价值计量的，包括企业以赚取差价为目的的从二级市场购入的股票、债券和基金等。本项目应根据"交易性金融资产"账户的期末余额填列。

3)"应收票据"项目

"应收票据"项目反映企业收到的未到期也未向银行贴现的应收票据，包括商业承兑汇票和银行承兑汇票。本项目应根据"应收票据"账户的期末余额填列。已向银行贴现和已背书转让的应收票据不包括在本项目内。

4)"应收账款"项目

"应收账款"项目反映企业因销售商品、产品和提供劳务等而应向购买单位收取的各种款项，减去已计提的坏账准备后的净额。本项目应根据"应收账款"账户所属明细账的期末借方余额合计，减去"坏账准备"账户中有关应收账款计提的坏账准备期末余额后的金额填列。如"应收账款"账户所属明细账期末有贷方余额，应在资产负债表中的"预收账款"项目内填列。

5)"其他应收款"项目

"其他应收款"项目反映企业对其他单位和个人的应收和暂付的款项，减去已计提的坏账准备后的净额。本项目应根据"其他应收款"总账账户期末余额，减去"坏账准备"账户中有关其他应收款计提的坏账准备期末余额后的金额填列。

6)"预付账款"项目

"预付账款"项目反映企业预付给供应单位的款项。本项目应根据"预付账款"账户所属明细账的期末借方余额合计填列。如"预付账款"账户所属明细账期末有贷方余额的，应在资产负债表"应付账款"项目内填列。如"应付账款"账户所属明细账期末有借方余额的，也应包括在本项目内。

7)"存货"项目

"存货"项目反映企业期末在库、在途和在加工中的各项存货的价值,包括各种材料、商品、在产品、半成品、包装物、低值易耗品等。本项目应根据"在途物资""材料采购""原材料""库存商品""周转材料""委托加工物资"等账户的期末余额合计,减去"存货跌价准备"账户期末余额后的金额填列。材料采用计划成本核算,以及库存商品采用计划成本核算的企业,还应该加上或减去材料成本差异。

8)"其他流动资产"项目

"其他流动资产"项目应根据有关账户的期末余额填列。如其他流动资产价值较大的,应在财务报表附注中披露其内容和金额。

9)"长期股权投资"项目

"长期股权投资"项目反映企业按照规定取得的,持有时间超过一年(不含一年)的股权性质的投资。本项目应根据"长期股权投资"账户的期末余额减去"长期股权投资减值准备"账户的期末余额后的金额填列。

10)"固定资产"项目

"固定资产"项目反映企业的各种固定资产的净值。本项目应根据"固定资产"账户的期末余额减去"累计折旧"账户和"固定资产减值准备"等账户的期末余额后的金额填列。

11)"在建工程"项目

"在建工程"项目反映企业期末各项未完工程的实际支出,包括交付安装的设备价值,未完建筑安装工程已经耗用的材料、工资和费用支出,预付出包工程的价款,已经安装完毕但尚未交付使用的工程等的可回收金额。本项目应根据"在建工程"账户的期末余额减去"在建工程减值准备"账户的期末余额后的金额填列。

12)"固定资产清理"项目

"固定资产清理"项目反映企业因出售、毁损、报废等原因转入清理但尚未清理完毕的固定资产的账面价值,以及固定资产清理过程中所发生的清理费用和变价收入等各项金额的差额。本项目应根据"固定资产清理"账户的期末借方余额填列;如"固定资产清理"账户期末为贷方余额,以"—"填列。

13)"无形资产"项目

"无形资产"项目反映企业各项无形资产的期末可收回金额。本项目应根据"无形资产"账户的期末余额减去"累计摊销""无形资产减值准备"账户的期末余额后的金额填列。

14)"开发支出"项目

"开发支出"项目反映企业自行研究开发无形资产在期末尚未完成开发阶段的无形资产的价值。本项目应根据"研发支出"账户所属的"资本化支出"明细账的期末余额填列。

15)"长期待摊费用"项目

"长期待摊费用"项目反映企业已经支出,但摊销期限在一年以上(不含一年)的各项费用,包括固定资产修理支出、租入固定资产的改良支出以及摊销期限在一年以上的其他待摊费用。长期待摊费用中在一年内(含一年)摊销的部分,应在资产负债表"待摊费用"项目内填列。本项目应根据"长期待摊费用"账户的期末余额减去一年内(含一年)摊销的数额后的金额填列。

16)"其他非流动资产"项目

"其他非流动资产"项目应根据有关账户的期末余额填列。如其他长期资产价值较大的,应在财务报表附注中披露其内容和金额。

17)"短期借款"项目

"短期借款"项目反映企业借入尚未归还的一年期以下(含一年)的借款。本项目应根据"短期借款"账户的期末余额填列。

18)"应付票据"项目

"应付票据"项目反映企业为了抵付货款等而开出、承兑的尚未到期付款的应付票据,包括银行承兑汇票和商业承兑汇票。本项目应根据"应付票据"账户的期末余额填列。

19)"应付账款"项目

"应付账款"项目反映企业购买原材料、商品和接受劳务供应等而应付给供应单位的款项。本项目应根据"应付账款"账户所属明细账的期末贷方余额合计填列;如"应付账款"账户所属明细账期末有借方余额的,应在资产负债表"预付账款"项目内填列。

20)"预收账款"项目

"预收账款"项目反映企业预收购买单位的账款。本项目应根据"预收账款"账户所属明细账的期末贷方余额合计填列。如"预收账款"账户所属明细账期末有借方余额的,应在资产负债表"应收账款"项目内填列;如"应收账款"账户所属明细账期末有贷方余额的,应包括在本项目内。

21)"应付职工薪酬"项目

"应付职工薪酬"项目反映企业应付未付的职工薪酬。应付职工薪酬包括应付职工的工资、奖金、津贴和补贴，职工福利费，医疗保险费、养老保险费等各种保险费以及住房公积金等。本项目应根据"应付职工薪酬"账户期末贷方余额填列。如"应付职工薪酬"账户期末有借方余额的，以"—"填列。

22)"其他应付款"项目

"其他应付款"项目应根据"其他应付款"总账账户期末余额加上"应付利息"总账账户期末余额，再加上"应付股利"总账账户期末余额后的金额填列。

23)"其他流动负债"项目

"其他流动负债"项目应根据有关账户的期末余额填列。如其他流动负债价值较大的，应在财务报表附注中披露其内容及金额。

24)"长期借款"项目

"长期借款"项目反映企业借入尚未归还的一年期以上（不含一年）的借款本息。本项目应根据"长期借款"账户的期末余额填列。

25)"应付债券"项目

"应付债券"项目反映企业发行的尚未偿还的各种长期债券的本息。本项目应根据"应付债券"账户的期末余额填列。

26)"其他长期负债"项目

"其他长期负债"项目应根据有关账户的期末余额填列。如其他长期负债价值较大的，应在财务报表附注中披露其内容和金额。

27)"实收资本"项目

"实收资本"项目反映企业投资者实际投入的资本总额。本项目应根据"实收资本"账户的期末余额填列。

28)"资本公积"项目

"资本公积"项目反映企业资本公积的期末余额。本项目应根据"资本公积"账户的期末余额填列。

29)"盈余公积"项目

"盈余公积"项目反映企业盈余公积的期末余额。本项目应根据"盈余公积"账户的期末余额填列。

30)"未分配利润"项目

"未分配利润"项目反映企业尚未分配的利润。本项目应根据"本年利润"账户和"利润分配"账户的期末余额计算分析填列。未弥补的亏损,在本项目内以"—"填列。

三、任务处理

根据表 6-1 资料,云城伟业智能装备制造有限公司 2023 年 12 月 31 日的资产负债表如表 6-2 所示。

表 6-2 资产负债表

编制单位:云城伟业智能装备制造有限公司　　　2023 年 12 月 31 日　　　单位:元

资产	期末数	年初数	负债和所有者权益	期末数	年初数
流动资产			流动负债		
货币资金	3 400 000.00		短期借款	0	
交易性金融资产	0		应付账款	13 455.00	
应收账款	1 856 000.00		预收账款	0	
预付账款	0		应付职工薪酬	350 000.00	
其他应收款	0		应交税费	182 000.00	
存货	713 000.00		其他应付款	66 000.00	
流动资产合计	5 969 000.00		流动负债合计	611 455.00	
非流动资产			非流动负债		
长期股权投资	0		长期借款	0	
固定资产	12 494 291.67		应付债券	0	
在建工程	0		非流动负债合计	0	
无形资产	82 163.33		负债合计	611 455.00	
长期待摊费用	0		所有者权益		
其他非流动资产	0		实收资本	15 000 000.00	
非流动资产合计	12 576 455.00		资本公积	0	
			盈余公积	0	
			未分配利润	2 934 000.00	
			所有者权益合计	17 934 000.00	
资产总计	18 545 455.00		负债及所有者权益总计	18 545 455.00	

会计主管:　　　　　　　　　审核人:　　　　　　　　　制表人:

四、任务实践

云城伟业智能装备制造有限公司 2022 年末"应收账款"账户的借方余额为 350 万元,其中,"应收账款"明细账的借方余额为 400 万元,贷方余额为 50 万元,年末计提坏账准备后的"坏账准备"账户的贷方余额为 65 万元。假定年末坏账准备均与应收账款相关,该公司年末资产负债表中"应收账款"项目的金额为多少万元?

任务二　利　润　表

一、任务导入

会计李望将云城伟业智能装备制造有限公司 2023 年 12 月有关账户发生额提供给了小明,如表 6-3 所示。

表 6-3　云城伟业智能装备制造有限公司 2023 年 12 月有关账户发生额　　　　单位:元

账户名称	发生额
主营业务收入	13 000 000.00
主营业务成本	8 680 000.00
税金及附加	150 000.00
管理费用	1 415 000.00
财务费用	−2 300.00
销售费用	346 000.00
营业外收入	0
营业外支出	0
其他业务收入	0
其他业务成本	320 000.00
所得税费用	130 000.00
资产减值损失	0

请问小明应如何编制利润表?

二、知识准备

利润表主要反映收入、费用和利润的情况，是根据"收入－费用＝利润"这一会计等式编制而成的。

（一）利润表的概念

利润表也称损益表，是反映企业在一定会计期间经营成果的报表。利润表属于动态报表，主要提供有关企业经营成果方面的信息。利润表有助于财务会计报告使用者判断企业净利润的质量及其风险，预测企业实现净利润的持续性，进而做出正确的经济决策。

（二）利润表的格式

利润表一般有表首、正表和脚注三部分。其中，表首概括地说明报表名称、编制单位、编制日期、计量单位等；正表反映形成经营成果的各个项目和计算过程；脚注部分列明制表人、审核人等。

利润表正表的格式一般有两种：单步式利润表和多步式利润表。单步式利润表是将当期所有的收入列在一起，然后将所有的费用列在一起，两者相减得出当期净损益。多步式利润表通过对当期的收入、费用、支出项目按性质加以归类，按利润形成的主要环节列示一些中间性利润指标，如营业利润、利润总额、净利润，分步计算当期净损益。我国企业编制利润表多采用多步式。

（三）利润表的编制方法

1. 利润表中的"本期金额"栏与"上期金额"栏的填列方法

利润表中"上期金额"栏内各项数字，应根据上年度该期利润表"本期金额"栏内所列数字填列。如果上年度该期利润表规定的各个项目的名称和内容同本年度的不一致，应对上年度该期利润表各个项目的名称和数字按本年度的规定进行调整，按调整后的数字填入利润表"上期金额"栏内。利润表"本期金额"栏内各项数字一般应根据损益类账户的发生额分析填列。

2. 利润表中具体项目的填列方法

利润表中各个项目的金额，一般是根据有关账户的本期发生额来填列的。"本期金额"栏内各项数字，根据以下方法填列。

1) "营业收入"项目

"营业收入"项目反映企业经营业务所取得的收入总额。本项目应根据"主营业务收入"账户和"其他业务收入"账户的发生额分析填列。

2)"营业成本"项目

"营业成本"项目反映企业经营业务发生的实际成本。本项目应根据"主营业务成本"及"其他业务成本"账户的发生额分析填列。

3)"税金及附加"项目

"税金及附加"项目反映企业经营业务应负担的消费税、城市维护建设税、资源税、教育费附加等。本项目应根据"税金及附加"账户的发生额分析填列。

4)"销售费用"项目

"销售费用"项目反映企业在销售商品和商品流通企业在购入商品等过程中发生的费用。本项目应根据"销售费用"账户的发生额分析填列。

5)"管理费用"项目

"管理费用"项目反映企业发生的管理费用。本项目应根据"管理费用"账户的发生额分析填列。

6)"财务费用"项目

"财务费用"项目反映企业发生的财务费用。本项目应根据"财务费用"账户的发生额分析填列。

7)"资产减值损失"项目

"资产减值损失"项目反映企业因资产减值而发生的损失。本项目应根据"资产减值损失"账户的发生额分析填列。

8)"公允价值变动损益"项目

"公允价值变动损益"项目反映企业资产因公允价值变动而发生的损益。本项目应根据"公允价值变动损益"账户的发生额分析填列。

9)"投资收益"项目

"投资收益"项目反映企业以各种方式对外投资所取得的收益。本项目应根据"投资收益"账户的发生额分析填列;如为投资损失,以"—"填列。

10)"营业外收入"项目

"营业外收入"项目反映企业发生的与其生产经营活动无直接关系的各项收入。本项目应根据"营业外收入"账户的发生额分析填列。

11)"营业外支出"项目

"营业外支出"项目反映企业发生的与其生产经营活动无直接关系的各项支出。本项目应根据"营业外支出"账户的发生额分析填列。

12)"所得税费用"项目

"所得税费用"项目反映企业按规定从本期损益中减去的所得税费用。本项目应根据"所得税费用"账户的发生额分析填列。

13)"净利润"项目

"净利润"项目反映企业实现的净利润。如为净亏损,在本项目内以"—"填列。

三、任务处理

根据会计李望提供的有关资料,编制云城伟业智能装备制造有限公司 2023 年 12 月份的利润表,如表 6-4 所示。

表 6-4　利润表

编制单位:云城伟业智能装备制造有限公司　　　2023 年 12 月　　　　　　单位:元

项目	本期金额	上期金额
一、营业收入	13 000 000.00	
减:营业成本	9 000 000.00	
税金及附加	150 000.00	
销售费用	346 000.00	
管理费用	1 415 000.00	
财务费用	－2 300.00	略
资产减值损失	0	
加:公允价值变动损益	0	
投资收益	0	
二、营业利润	2 091 300.00	
加:营业外收入	0	
减:营业外支出	0	
三、利润总额	2 091 300.00	
减:所得税费用	130 000.00	
四、净利润	1 961 300.00	

四、任务实践

云城伟业智能装备制造有限公司 2022 年"主营业务收入"账户贷方发生额是 1500 万元,借方发生额为退货 50 万元,发生现金折扣 50 万元,"其他业务收入"账户贷方发生额为 150 万元,"其他业务成本"账户借方发生额为 80 万元。请问云城伟业智能装备制造有限公司利润表中"营业收入"项目填列的金额为多少万元?

项目实训

1. 实训背景

(1) 云城伟业智能装备制造有限公司(增值税一般纳税人)2022 年 12 月总账和有关明细账如表 6-5 所示。

表 6-5　2022 年 12 月总账及有关明细账

编制单位:云城伟业智能装备制造有限公司　　　　　　　　　　　　　　　　单位:元

账户名称	借方金额	账户名称	贷方金额
银行存款	3 476 000.00	累计折旧	353 000.00
库存现金	6 459.00	应付账款——凤帆电机厂	230 000.00
应收账款——江南商场	140 000.00	应付账款——江州自来水公司	4 000.00
其他应收款——张英	3 000.00	短期借款	2 676 014.00
预付账款——南海工厂	34 000.00	预收账款——发达集团	140 000.00
预付账款——丽阳公司	-6 000.00	应付利息	6 800.00
原材料	921 000.00	应付职工薪酬	78 000.00
库存商品	392 000.00	长期借款 　其中:200 000 元将于一年内到期	480 000.00
生产成本	46 000.00	应交税费——未交增值税	152 350.00
在建工程	150 000.00	实收资本	600 000.00
固定资产	1 050 000.00	资本公积	20 000.00
		盈余公积	242 295.00
		利润分配——未分配利润	1 230 000.00
合计	6 212 459.00	合计	6 212 459.00

(2) 云城伟业智能装备制造有限公司（增值税一般纳税人）2022 年 12 月份有关账户发生额情况如表 6-6 所示。

表 6-6　云城伟业智能装备制造有限公司 2022 年 12 月份有关账户发生额　　单位：元

账户名称	借方发生额	贷方发生额
主营业务收入		5 900 720.00
其他业务收入		18 000.00
营业外收入		84 860.00
主营业务成本	1 400 000.00	
其他业务成本	9 200.00	
营业外支出	20 000.00	
税金及附加	5 800.00	
管理费用	50 000.00	
财务费用	7 000.00	
销售费用	2 000.00	
所得税费用	270 660.00	

2. 实训要求

(1) 请根据云城伟业智能装备制造有限公司 2022 年 12 月份总账及有关明细账编制资产负债表。

(2) 请根据云城伟业智能装备制造有限公司 2022 年 12 月份有关账户发生额编制利润表。

学习效果测评

项目测评表

知识测评		
知识点	评价指标	自评结果
知识点 1	1.	□A⁺　□A　□B　□C　□C⁻
	2.	□A⁺　□A　□B　□C　□C⁻
	3.	□A⁺　□A　□B　□C　□C⁻
知识点 2	1.	□A⁺　□A　□B　□C　□C⁻
	2.	□A⁺　□A　□B　□C　□C⁻
	3.	□A⁺　□A　□B　□C　□C⁻

续表

能力测评			
技能点		评价指标	自评结果
技能点1	1.		□A⁺ □A □B □C □C⁻
	2.		□A⁺ □A □B □C □C⁻
	3.		□A⁺ □A □B □C □C⁻
技能点2	1.		□A⁺ □A □B □C □C⁻
	2.		□A⁺ □A □B □C □C⁻
	3.		□A⁺ □A □B □C □C⁻
素养测评			
素养点		评价指标	自评结果
素养点1	1.		□A⁺ □A □B □C □C⁻
	2.		□A⁺ □A □B □C □C⁻
	3.		□A⁺ □A □B □C □C⁻
素养点2	1.		□A⁺ □A □B □C □C⁻
	2.		□A⁺ □A □B □C □C⁻
	3.		□A⁺ □A □B □C □C⁻
薄弱项记录			
我掌握得不太好的知识			
我还没有掌握的技能			
我想提升的素养			
教师签字			

模块二 税收基础知识与技能

项目七 认识税收

项目背景

税收在经济活动中扮演着至关重要的角色。它不仅是国家财政收入的主要来源,支持着公共服务和基础设施建设,还是政府调节经济、实现社会公平的重要工具。对不同收入和财产的征税有助于调节社会财富分配,促进资源合理配置,并引导经济行为。同时,税收政策的制定和执行也对企业和个人的经济决策产生深远影响,促使其在合法合规的前提下进行经济活动。

学习税收知识对于个人、企业和国家都具有重大意义。对于个人而言,了解税收法规有助于合理规划财务,享受税收优惠,依法履行纳税义务。对于企业而言,掌握税收知识和技能可以确保税务合规,优化税负,提升经济效益。对于国家而言,公民对税收制度的理解和支持是税收法治建设和社会和谐发展的重要基石。财经商贸类专业的学生通过深入学习税收原理和技能,能够为未来的工作和个人发展打下坚实基础。

学习目标

◆ **知识目标**

了解税收与税收法律的关系;

理解税收的概念、种类、作用,以及其在社会经济生活中的重要性;

了解税种分类与税收制度的构成要素;

熟悉我国有关税收立法与执法,熟悉我国现行的税法体系。

◆ **能力目标**

能够区别税收与其他财政收入形式;

能够熟练运用所学的税收相关知识,提高税务分析能力;

能够运用所学知识分析税收政策、税收数据以及税收对经济的影响。

◆ **素养目标**

引导学生正确认识中国赋税制度,强化学生对税收"取之于民、用之于民"的认识;

引导学生树立依法纳税、诚信纳税的观念;

培养学生的家国情怀,增强学生的责任意识与使命感。

工作场景与要求

云城伟业智能装备制造有限公司财务部除了要完成会计核算及财务管理工作之外,还有税务登记与认定、税款计算与申报、税务筹划与风险管理、税务资料管理等涉税业务。因此,实习生小明还需深入了解国家税收制度,掌握税种分类、计税方法及税务管理流程。在财务部实习期间,小明需展现严谨细致的工作态度,主动学习适应税收政策变化,与各方保持良好沟通,为企业税务管理工作贡献自己的力量。

任务一 税收的职能与特征

一、任务导入

税收作为国家治理的重要基石,不仅承担着筹集财政收入的基本职能,还在调节经济、促进社会公平等方面发挥着不可替代的作用。为了帮助小明认识税收在现代经济社会中扮演的重要角色,财务部经理要求小明广泛搜集关于税收的文献资料和相关政策,全面理解税收的职能与特征。

请问到底什么是税收?税收的职能和特征是什么?

二、知识准备

税收是国家(政府)公共财政最主要的收入形式和来源,同时也是国家调节经济的重要工具,强制性、无偿性和固定性是税收的基本特征。

中国税收简史

（一）税收的概念

税收是国家为满足社会公共需要，凭借公共权力，按照法律所规定的标准和程序，参与国民收入分配，强制地、无偿地取得财政收入的一种方式。它体现了国家与纳税人在征收、纳税的利益分配上的一种特定分配关系。

（二）税收的职能

税收的职能是指税收自身所固有的功能。我国税收具有组织财政收入、调节经济和监督社会经济活动的职能。

1. 财政职能

财政职能，也称为收入职能，是税收的基本职能。它指的是税收通过参与社会产品和国民收入的分配和再分配，为国家取得财政收入的功能。财政职能确保了国家机器的正常运转和各项公共服务的提供，是税收最直接和显著的作用。

2. 经济职能

经济职能，亦称调节职能，是指通过税收分配，对实现社会总需求与总供给的平衡，对资源配置、国民经济的地区分配格局、产业结构、社会财富分配和居民消费结构等进行调节的功能。税收是国家进行宏观经济调控的重要手段之一。

3. 监督职能

税收的监督职能主要体现在对纳税人的纳税行为进行监督检查，确保税收的及时、足额征收；对经济运行情况进行监测和分析，为政府决策提供数据支持。税收的监督职能有助于维护税收秩序，防止税收流失，同时也为政府制定和调整经济政策提供了重要依据。

（三）税收的特征

1. 强制性

税收的强制性是指国家以社会管理者的身份，凭借政权力量，依据政治权力，通过颁布法律或政令来进行强制征收。税收的强制性体现在税收分配关系的建立具有强制性，税收的征收过程具有强制性。

2. 无偿性

税收的无偿性是指通过征税，社会集团和社会成员的一部分收入转归国家所有，国家不向纳税人支付任何报酬或代价。税收的无偿性体现在政府获得税收收入后无须向纳税人直接支付任何报酬，政府征得的税收收入不再直接返还给纳税人。

3. 固定性

税收的固定性是指税收是按照国家法令规定的标准征收的，即纳税义务人、征税对象、税目、税率、计税方法和纳税期限等都是税收法令预先规定了的。税收的固定性要求税收标准具有固定性，税收征收具有连续性。

（四）税收的原则

税收原则亦称税制原则，是指导一国税制建立、发展和制定税收政策的准则或规范。任何国家的税收制度和税收政策都要基于一定的税收原则。税收原则应根据不同时期国家政治、经济形势变化的需要，而不断地发展与完善。本书中税收的原则是指现代税收原则。

1. 财政原则

税收财政原则的基本含义：一国税收制度的建立和变革，都必须有利于保证国家的财政收入，即保证国家各方面支出的需要。自国家产生以来，税收一直是财政收入的基本来源。

2. 公平原则

税收公平原则，就是政府征税，包括税制的建立和税收政策的运用，应确保公平。税收公平原则要求条件相同者缴纳相同的税（横向公平），而对条件不同者应加以区别对待（纵向公平）。

3. 效率原则

税收效率原则，就是政府征税，包括税制的建立和税收政策的运用，应讲求效率。税收效率原则要求政府征税有利于资源的有效配置和经济机制的有效运行，提高税务行政的管理效率。

4. 适度原则

税收适度原则，就是政府征税，包括税制的建立和税收政策的运用，应兼顾需要与可能，做到取之有度。这里，"需要"是指财政的需要，"可能"则是指税收负担的可能，即经济的承受能力。遵循适度原则，要求税收负担适中，税收收入既能满足正常的财政支出需要，又能与经济发展保持协调和同步，并在此基础上，使宏观税收负担尽量从轻。

5. 法治原则

税收法治原则，就是政府征税，包括税制的建立和税收政策的运用，应以法律为依据，依法治税。法治原则的内容包括两个方面：税收的程序规范原则和征税内容明确原则。前者要求税收程序（包括税收的立法程序、执法程序和司法程序）法定；后者要求征税内容法定。税收的法治原则,是与税收法学中的税收法律主义相一致的。

税法基本原则

三、任务处理

在广泛搜集关于税收的文献资料和相关政策后,小明全面理解了税收的概念、职能与特征。税收是国家为满足社会公共需要,凭借公共权力,按照法律所规定的标准和程序,参与国民收入分配,强制地、无偿地取得财政收入的一种方式,具有征收上的强制性、缴纳上的无偿性以及征收比例或数额上的固定性。税收的主要职能包括筹集国家财政收入和宏观调控,前者指税收是财政最重要、最稳定的收入来源,后者则指税收是政府调节经济的重要政策工具。通过详细阅读财政部、国家税务总局等发布的最新政策文件,如关于增值税减免、进出口税收调整、消费税政策执行口径等的政策文件,小明深入了解了税收在实际经济活动中的应用及其对经济社会发展的深远影响。

四、任务实践

请查阅并整理相关资料,进一步了解税收在不同经济体、不同历史时期的具体表现形式及其演变过程,探究税收在现代经济体系中的多维度影响。

任务二　税收制度及其构成要素

一、任务导入

一个国家为了取得财政收入或调节社会经济活动,必须设置一定数量的税种,并规定每种税的征收和缴纳办法,包括对什么征税、向谁征税、征多少税、何时纳税、何地纳税、按什么手续纳税、不纳税如何处理等。云城伟业智能装备制造有限公司财务部经理张森给小明布置了任务,要求他查阅国家税务总局网站的政策法规专栏,了解我国的税收制度。

那么,税收制度是什么?其构成要素包括哪些呢?

二、知识准备

税收制度是国家财政体系的重要组成部分,其构成要素包括纳税义务人、征税对象、税率、税目、计税方法、纳税环节、纳税期限、纳税地点、减税和免税以及法律责任等。这些要素相互关联、相互作用,共同构成了完整的税收体系。

（一）税收制度概念

税收制度，简称税制，是国家以法律形式规定的各种税收法律、法规的总称，或者说是国家以法律形式确定的各种征税制度的总称。它是国家财政体系的重要组成部分，也是国家进行宏观经济调控、优化资源配置、促进社会公平的重要手段。

（二）税收制度的构成要素

1. 纳税义务人

纳税义务人是指税法规定的直接负有纳税义务的单位和个人，也称纳税主体、纳税人。纳税人是税收制度的直接参与者，其纳税行为是税收收入的主要来源。

2. 征税对象

征税对象是指对什么征税，即国家征税的标的物。它规定了每一种税的征税界限，是一种税区别于另一种税的主要标志。征税对象可以从质和量两方面进行划分，质的具体化是征税范围和税目；量的具体化是计税依据和计税标准。

3. 税率

税率是应纳税额与征税对象数额之间的法定比例，是计算税额的尺度，体现着征税的深度。税率有比例税率、累进税率、定额税率等多种类型，不同类型的税率适用于不同的税种和征税对象。

比例税率、
定额税率、
累进税率

4. 税目

税目是征税对象的具体项目，是对征税对象的具体化分类。税目的设置有助于明确征税范围，规范税收征管。

5. 纳税环节

纳税环节指税法规定的在商品流转过程中应当缴纳税款的环节，它决定了税款的具体征收时机和方式。纳税环节通常包括生产、销售、进口和出口等多个环节。

6. 纳税期限

纳税期限是纳税人向国家缴纳税款的最后时间限制。纳税期限的设定有助于确保税收的及时入库，维护国家财政稳定。

7. 纳税地点

纳税地点是指税法规定的纳税人申报纳税的地点。这个地点主要根据各个税种的纳税环节和有利于对税款的源泉控制而规定，它一般是纳税人的住所地，或者是营业地、财产所在地、特定行为发生地等。

8. 减税和免税

减税和免税是对应纳税额少征或免征的措施，是国家对特定纳税人或征税对象给予鼓励和照顾的一种手段，旨在促进企业和个人的发展。

9. 法律责任

起征点和免征额

法律责任包括加收滞纳金、罚款、送交人民法院依法处理等，是对不按时纳税或不按要求缴纳税款行为的法律制裁。法律责任的设定有助于维护税收秩序，确保税收制度的严肃性和权威性。

三、任务处理

通过深入研读国家税务总局网站上的相关政策法规，小明了解了我国税收制度的基本框架和主要内容，包括税种设置、税率结构、税收征管、税收优惠等多个方面。同时，对税收制度的构成要素有了清晰认识，明确了纳税人、征税对象、税率、纳税环节、纳税期限、纳税地点以及减税和免税等关键要素在税收制度中的作用和相互关系。这些信息的获取，为深入理解我国税收制度提供了坚实的基础。

四、任务实践

查阅相关资料，分析和比较各国（特别是发达国家和发展中国家）税收制度在税种设置、税率结构、税收征管方式、税收优惠政策等方面的差异。同时，探讨这些差异对各自国家经济发展、社会公平、企业竞争力等方面的影响。

任务三　我国现行税种

一、任务导入

税收作为国家财政收入的主要来源，对国家的经济建设和社会发展具有至关重要的作用。我国现行税制体系复杂而完善，涵盖了多个税种，每个税种都有其独特的征税对象、税率和征收方式。为了让小明建立起税收制度的整体框架，财务部经理张森要求小明了解我国现行税种的基本情况。

那么，我国现行税种有哪些？怎么分类？

二、知识准备

（一）我国现行税种

我国现行税种包括：增值税、消费税、企业所得税、个人所得税、资源税、城市维护建设税、房产税、印花税、城镇土地使用税、土地增值税、车船税、车辆购置税、烟叶税、耕地占用税、契税、环境保护税、船舶吨税和关税等。

我国的税收分类

（二）现行主要税种分类

1. 流转税

1）增值税

增值税是以在我国境内销售货物或者加工、修理修配劳务，销售服务、无形资产、不动产以及进口货物过程中产生的增值额作为计税依据而征收的一种税。增值税是我国目前税收收入规模最大的税种。

2）消费税

消费税是对特定消费品（如烟、酒、高档化妆品等）和消费行为在特定的环节征收的一种税，旨在调节消费结构，引导合理消费。

3）关税

关税是对我国准许进出口的货物、进境物品征收的一种税，旨在通过税收抬高进口商品的价格，降低其市场竞争力，减少在市场上对本国产品的不良影响。

2. 所得税

1）企业所得税

企业所得税是对我国境内企业和其他取得收入的组织（统称企业）的生产经营所得和其他所得征收的一种所得税。它是国家参与企业利润分配的重要手段。

2）个人所得税

个人所得税是国家对本国公民、居住在本国境内的个人的所得和境外个人来源于本国的所得征收的一种所得税，旨在调节收入分配。

3. 财产和行为税

1) 房产税

房产税以房屋为征税对象,以房屋的计税余值或租金收入为计税依据,旨在调节房地产市场,促进住房公平。

2) 车船税

车船税是对应税车辆和船舶征收的税,旨在促进车船资源的合理使用和节能减排。

3) 城镇土地使用税

城镇土地使用税是对在城市、县城、建制镇、工矿区范围内使用土地的单位和个人征收的一种税,旨在加强土地资源的合理利用,促进城市建设和发展。

4) 土地增值税

土地增值税是对转让国有土地使用权、地上的建筑物及其附着物并取得收入的单位和个人征收的税,旨在调节土地增值收益分配,促进房地产市场健康发展。

5) 契税

契税是对在我国境内转移土地、房屋权属的产权承受人征收的一种税,旨在保护房地产交易双方的合法权益,促进房地产市场的稳定发展。

6) 印花税

印花税是对在我国境内书立应税凭证、进行证券交易,以及在我国境外书立在境内使用的应税凭证的单位和个人征收的一种税,旨在加强税收征管,促进经济活动的规范化。

4. 资源和环境保护税类

1) 环境保护税

环境保护税是对在我国领域和我国管辖的其他海域直接向环境排放应税污染物的企业事业单位和其他生产经营者征收的一种税,旨在促进环境保护和污染治理工作的开展。

2) 资源税

资源税是对在我国领域和我国管辖的其他海域开发应税资源的单位和个人征收的一种税,旨在促进资源的合理开发和利用。

5. 特定目的税类

1）车辆购置税

车辆购置税是对在我国境内购置应税车辆的单位和个人征收的一种税，旨在调节汽车消费结构。

2）烟叶税

烟叶税是对在我国境内依照《中华人民共和国烟草专卖法》的规定收购烟叶的单位征收的一种税，以纳税人收购烟叶实际支付的价款总额为计税依据，旨在调节烟叶生产和消费，促进烟草行业的健康发展。

3）船舶吨税

船舶吨税是对自我国境外港口进入境内港口的船舶征收的一种税，旨在维护国家主权和税收权益。

4）城市维护建设税

城市维护建设税是对在我国境内缴纳增值税、消费税的单位和个人征收的一种附加税，旨在筹集城市维护建设资金，促进城市基础设施的完善和发展。

5）耕地占用税

耕地占用税是对在我国境内占用耕地建设建筑物、构筑物或从事非农业建设的单位和个人征收的一种税，旨在保护耕地资源，促进农业可持续发展。

三、任务处理

我国现行税种体系以增值税和企业所得税为主体，辅以个人所得税、消费税、资源税等多税种，形成了一个结构合理、功能齐全的税收体系。我国现行税种包括增值税、消费税、企业所得税、个人所得税、资源税、城市维护建设税、房产税、印花税、城镇土地使用税、土地增值税、车船税、船舶吨税、车辆购置税、烟叶税、耕地占用税、契税、环境保护税和关税等。

增值税作为流转税的主要税种，对商品和劳务等的增值额征税，而企业所得税和个人所得税分别对企业利润和个人收入进行调节。资源税、财产和行为税针对资源的开发和财产的拥有或交易行为征税，环境保护税体现了对环境保护的支持。此外，特定目的税类，如城市维护建设税、耕地占用税等，为特定公共支出提供资金支持。整体而言，我国税种设计旨在平衡财政收入、进行经济调节与促进社会公平，同时不断适应经济社会发展的需要，进行动态调整和优化。

四、任务实践

阅读相关税收法律法规、政策文件等，整理成我国现行税种的基本信息表，包括税种名称、征税对象、税率、征收方式等关键信息。

任务四 纳税办理流程

一、任务导入

为了确保企业能够合法合规地运营，履行纳税义务，需要全面了解并熟悉纳税办理流程。如纳税人未能按照税法规定的时间进行纳税申报，或者扣缴义务人和代征人未能及时向税务机关提交代扣代缴、代收代缴税款的相关报表时，会面临相应的法律责任。

请问纳税办理的流程及规定有哪些？

二、知识准备

纳税办理流程包括税务登记、账证管理、纳税申报、税款缴纳等环节。

（一）税务登记

税务登记是税务机关依据税法规定，对纳税人的生产、经营活动进行登记管理的一项法定制度，也是纳税人依法履行纳税义务的法定手续。

1. 设立税务登记

根据《中华人民共和国税收征收管理法》的规定，从事生产、经营的纳税人自领取营业执照之日起30日内，持有关证件，向税务机关申报办理税务登记。实施"五证合一、一照一码"登记制度后，税务登记证相关信息已经包含在了营业执照中。税务机关会通过信息共享机制获取企业的工商登记信息，为企业办理税务登记。其他必要的涉税基础信息，在企业办理有关涉税事宜时再补充采集。

从事生产、经营的纳税人应当自领取税务登记证件之日起15日内，将其财务、会计制度或财务、会计处理办法报送主管税务机关备案。纳税人签订代扣税三方协议，约定在发生纳税缴款义务的情况下，纳税人在申报系统中提交缴款申请后，银行根据缴款申请直接向税务机关支付税款，无须纳税人再次进行付款确认。税务机关审核确定纳税人所适用的税种、税目、税率、报缴税款的期限和征收方式、缴库方式等，纳税人若出现新的税种需要申报，应当主动到税务机关办理新的税种登记，由税务机关审核确认后进行税种维护。

2. 变更税务登记

变更税务登记是指纳税人税务登记内容发生重要变化时，向税务机关申报办理的一种税务登记手续。纳税人办理变更税务登记的情形应当包括：改变单位名称、改变法定代表人、改变住所和经营地点（不涉及主管税务机关变动的）、扩大和缩小生产经营范围、改变其他税务登记内容。

纳税人税务登记内容发生变化的，应当自工商行政管理机关或者其他机关办理变更登记之日起 30 日内，持有关证件向原税务登记机关申报办理变更税务登记。按照规定不需要到工商行政管理机关或者其他机关办理变更登记的，应当自发生变化之日起 30 日内，持有关证件向原税务登记机关申报办理变更税务登记。

3. 注销税务登记

纳税人发生解散、破产、撤销以及其他情形，依法终止纳税义务的，应当在向工商行政管理机关或者其他机关办理注销登记前，持有关证件向原税务登记机关申报办理注销税务登记；按照规定不需要在工商行政管理机关或者其他机关办理注销登记的，应当自有关机关批准或者宣告终止之日起 15 日内，持有关证件向原税务登记机关申报办理注销税务登记。

纳税人因住所、经营地点变动，涉及改变税务登记机关的，应当在向工商行政管理机关或者其他机关申请办理变更或者注销登记前或者住所、经营地点变动前，向原税务登记机关申报办理注销税务登记，并在 30 日内向迁达地税务机关申报办理税务登记。

纳税人被工商行政管理机关吊销营业执照或者被其他机关予以撤销登记的，应当自营业执照被吊销或者被撤销登记之日起 15 日内，向原税务登记机关申报办理注销税务登记。

纳税人在办理注销税务登记前，应当向税务机关结清应纳税款、滞纳金、罚款，缴销发票、税务登记证件和其他税务证件。

4. 其他税务登记事项

从事生产、经营的纳税人应当自开立基本存款账户或者其他存款账户之日起 15 日内，向主管税务机关书面报告其全部账号；发生变化的，应当自变化之日起 15 日内，向主管税务机关书面报告。

从事生产、经营的纳税人到外县（市）临时从事生产、经营活动的，应当持税务登记证副本和所在地税务机关填开的外出经营活动税收管理证明，向营业地税务机关报验登记，接受税务管理。

从事生产、经营的纳税人外出经营，在同一地累计超过 180 天的，应当在营业地办理税务登记手续。

（二）账证管理

1. 账簿的设置

从事生产、经营的纳税人应当自领取营业执照或者发生纳税义务之日起 15 日内，按照国家有关规定设置账簿，包括总账、明细账、日记账以及其他辅助性账簿。扣缴义务人应当自税收法律、行政法规规定的扣缴义务发生之日起 10 日内，按照所代扣、代收的税种，分别设置代扣代缴、代收代缴税款账簿。纳税人、扣缴义务人会计制度健全，能够通过计算机正确、完整计算其收入和所得或者代扣代缴、代收代缴税款情况的，其计算机输出的完整的书面会计记录，可视同会计账簿。纳税人、扣缴义务人会计制度不健全，不能通过计算机正确、完整计算其收入和所得或者代扣代缴、代收代缴税款情况的，应当建立总账及与纳税或者代扣代缴、代收代缴税款有关的其他账簿。

2. 发票的管理

发票包括纸质发票和电子发票，二者具有同等效力。单位、个人在购销商品、提供或者接受经营服务以及从事其他经营活动中，应当按照规定开具、使用、取得发票。纳税人领取税务登记证后，应携带有关证件向税务机关提出领用发票的申请。主管税务机关根据领用单位和个人的经营范围、规模和风险等级，确认领用发票的种类、数量以及领用方式。安装税控装置的单位和个人，应当按照规定使用税控装置开具发票，并按期向主管税务机关报送开具发票的数据。开具发票的单位和个人应当建立发票使用登记制度，配合税务机关进行身份验证，定期向主管税务机关报告发票使用情况，并按照国家有关规定存放和保管发票，不得擅自损毁。已经开具的发票存根联，应当保存 5 年。

3. 账证的保管

账簿、记账凭证、报表、完税凭证、发票、出口凭证以及其他有关涉税资料应当合法、真实、完整，并保存 10 年，保管期限法律、行政法规另有规定的除外。

（三）纳税申报

纳税申报是指纳税人、扣缴义务人、代征人为正常履行纳税、扣缴税款义务，就纳税事项向税务机关提出书面申报的一种法定手续。

1. 纳税申报主体

凡是按照国家法律、行政法规的规定负有纳税义务的纳税人或代征人、扣缴义务人（含享受减免税的纳税义务人），无论本期有无应纳、应缴税款，都必须按税法规定的期限如实向主管税务机关办理纳税申报。

2. 纳税申报方式

纳税人、扣缴义务人可以采取邮寄、数据电文方式办理纳税申报或者报送代扣代缴、代收代缴税款报告表。数据电文方式，是指税务机关确定的电话语音、电子数据交换和网络传输等电子方式。

3. 纳税申报资料

纳税人办理纳税申报时，应当如实填写纳税申报表，并根据不同的情况相应报送财务会计报表及其说明材料，与纳税有关的合同、协议书及凭证，税控装置的电子报税资料等。扣缴义务人办理代扣代缴、代收代缴税款报告时，应当如实填写代扣代缴、代收代缴税款报告表，并报送代扣代缴、代收代缴税款的合法凭证以及税务机关规定的其他有关证件、资料。纳税人、扣缴义务人按照规定的期限办理纳税申报或者报送代扣代缴、代收代缴税款报告表确有困难，需要延期的，应当在规定的期限内向税务机关提出书面延期申请，经税务机关核准，在核准的期限内办理。

（四）税款缴纳

税款缴纳是指纳税人、扣缴义务人依照国家法律、行政法规的规定，通过不同方式将税款缴纳入库的过程。我国实行的税款征收方式有查账征收、查定征收、查验征收、定期定额征收、委托征收等。纳税人应当按照主管税务机关确定的征收方式缴纳税款。税款缴纳除到办税服务厅或指定地点办理外，还支持三方协议缴款、银联缴款和第三方支付等缴款方式。纳税人可以根据自身实际情况选择合适的缴款方式。

税款征收方式

纳税人、扣缴义务人按照法律、行政法规规定或者税务机关依照法律、行政法规的规定确定的期限，缴纳或者解缴税款。纳税人因有特殊困难，不能按期缴纳税款的，经省、自治区、直辖市、计划单列市税务局批准，可以延期缴纳税款，但是最长不得超过三个月。纳税人未按照规定期限缴纳税款的，扣缴义务人未按照规定期限解缴税款的，税务机关除责令限期缴纳外，从滞纳税款之日起，按日加收滞纳税款万分之五的滞纳金。

三、任务处理

为确保企业税务管理规范有序，为企业的稳健发展奠定坚实基础，纳税人必须依照法律、行政法规规定或者税务机关依照法律、行政法规的规定确定的申报期限、申报内容如实办理纳税申报，报送相关纳税资料。纳税人未按照规定的期限办理纳税申报和报送纳税资料的，或者扣缴义务人未按照规定的期限向税务机关报送代扣代缴、代收代税款报告表和有关资料的,由税务机关责令限期改正,可以处二千元以下的罚款;情节严重的,可以处二千元以上一万元以下的罚款。对于更严重的违法行为,如纳税人伪造、变造、隐匿、擅自销毁账簿、记账凭证,或者在账簿上多列支出或者不列、少列收入,或者经税务机关通知申报而拒不申报或者进行虚假的纳税申报,不缴或者少缴应纳税款的,将被认定为偷税。对纳税人偷税的,由税务机关追缴其不缴或者少缴的税款、滞纳金,并处以不缴或者少缴的税款百分之五十以上五倍以下的罚款;构成犯罪的,依法追究刑事责任。因此,纳税人应严格遵守税收法律法规,及时足额缴纳税款,避免触犯相关法律法规。

四、任务实践

通过税务实训软件或电子税务局模拟系统,进一步认识和了解企业纳税登记、税种核定、发票管理、月度/季度/年度纳税申报、税款缴纳、税务风险防控及税务注销等纳税办理流程。

项目实训

随着我国经济的快速发展和全球化进程的加速,现代经济呈现出多元化、复杂化、信息化的特点。在这样的背景下,税收作为国家财政收入的主要来源和宏观经济调控的重要手段,其制度设计是否能够有效适应现代经济发展的需求,成了一个值得深入探讨的话题。请分小组,围绕"我国现行税制是否充分适应了现代经济发展的需求?"这一题目进行辩论。通过辩论,深入理解税收与经济发展的关系,对我国税收立法、执法及现行税法体系进行深入思考。

学习效果测评

项目测评表

知识测评			
知识点	评价指标		自评结果
知识点1	1.		□A^+ □A □B □C □C^-
	2.		□A^+ □A □B □C □C^-
	3.		□A^+ □A □B □C □C^-

续表

知识测评			
知识点	评价指标		自评结果
知识点2	1.		□A⁺ □A □B □C □C⁻
	2.		□A⁺ □A □B □C □C⁻
	3.		□A⁺ □A □B □C □C⁻
能力测评			
技能点	评价指标		自评结果
技能点1	1.		□A⁺ □A □B □C □C⁻
	2.		□A⁺ □A □B □C □C⁻
	3.		□A⁺ □A □B □C □C⁻
技能点2	1.		□A⁺ □A □B □C □C⁻
	2.		□A⁺ □A □B □C □C⁻
	3.		□A⁺ □A □B □C □C⁻
素养测评			
素养点	评价指标		自评结果
素养点1	1.		□A⁺ □A □B □C □C⁻
	2.		□A⁺ □A □B □C □C⁻
	3.		□A⁺ □A □B □C □C⁻
素养点2	1.		□A⁺ □A □B □C □C⁻
	2.		□A⁺ □A □B □C □C⁻
	3.		□A⁺ □A □B □C □C⁻
薄弱项记录			
我掌握得不太好的知识			
我还没有掌握的技能			
我想提升的素养			
教师签字			

项目八　认识增值税

项目背景

增值税是对在我国境内销售货物或者加工、修理修配劳务，销售服务、无形资产、不动产以及进口货物的单位和个人，以其商品（含应税劳务和应税服务）在流转过程中产生的增值额作为计税依据而征收的一种流转税。增值税作为一种有效的税收工具，对促进经济结构的调整和提高国家综合实力具有重要作用，是现阶段我国税收收入规模最大的税种。

本项目帮助学习者认识增值税的含义和类型，确定增值税的纳税人和征税范围，判定增值税的税率和征收率，了解增值税起征点，使用和管理增值税专用发票，计算增值税一般计税方法下的应纳税额、简易计税方法下的应纳税额，确定增值税的纳税义务发生时间、纳税期限和纳税地点。

学习目标

◆ **知识目标**

了解增值税的概念、特点；
了解增值税的征收范围以及视同销售的范围；
了解增值税纳税人的种类以及划分标准；
掌握增值税的各种税率。

◆ **能力目标**

能判定增值税一般纳税人和小规模纳税人的标准；
能确定增值税的纳税义务发生时间、纳税期限和纳税地点；
能根据相关业务资料计算增值税应纳税额。

◆ **素养目标**

引导学生树立正确的法治观念及依法纳税社会责任感；

引导学生践行工匠精神,养成严谨细致、精益求精的工作态度;
引导学生培养解决问题的创新思维和应对税收风险的意识。

工作场景与要求

财务部经理张森安排小明跟岗学习增值税的计算及申报。小明接到任务后,迅速投入并开展相关工作。小明学习了增值税的含义和类型,明确了增值税纳税人身份标准判定和征税范围,了解了增值税起征点及增值税专用发票的使用、增值税计算及申报方法。最后,在企业导师的带领下共同完成了当月的增值税申报工作。

任务一 增值税相关概念

一、任务导入

云城伟业智能装备制造有限公司年应税销售额在 800 万元左右,会计核算健全,能够按照国家统一的会计制度规定设置账簿,根据合法、有效的凭证进行核算;能够提供准确的税务资料。

请问云城伟业智能装备制造有限公司是增值税一般纳税人还是小规模纳税人?

二、知识准备

增值税是以商品(含应税劳务和应税服务)在流转过程中产生的增值额作为计税依据而征收的一种流转税。我国增值税纳税人分为小规模纳税人和一般纳税人,实行不同的征收和管理方式。

(一)增值税的含义

增值税是对在我国境内销售货物或者加工、修理修配劳务,销售服务、无形资产、不动产以及进口货物的单位和个人,以其商品(含应税劳务和应税服务)在流转过程中产生的增值额作为计税依据而征收的一种流转税。

（二）增值税纳税人及扣缴义务人

1. 增值税纳税人

在我境内销售货物或者加工、修理修配劳务，销售服务、无形资产、不动产以及进口货物的单位和个人，为增值税的纳税人。按照经营规模的大小和会计核算健全与否等标准，增值税纳税人可分为小规模纳税人和一般纳税人。

1) 小规模纳税人

小规模纳税人是指年应征增值税销售额在规定标准以下，并且会计核算不健全，不能按规定报送有关税务资料的增值税纳税人。2018年5月1日起，增值税小规模纳税人标准统一为年应征增值税销售额500万元及以下。年应税销售额超过小规模纳税人标准的其他个人按小规模纳税人纳税；非企业性单位、不经常发生应税行为的企业可选择按小规模纳税人纳税。

年应税销售额

2) 一般纳税人

一般纳税人是指年应征增值税销售额超过国务院财政、税务主管部门规定的小规模纳税人标准的纳税人。一般纳税人实行登记制，除另有规定外，应当向主管税务机关办理一般纳税人登记。小规模纳税人会计核算健全，能够提供准确税务资料的，可以向主管税务机关办理登记。除国家税务总局另有规定的外，纳税人登记为一般纳税人后，不得转为小规模纳税人。

2. 增值税扣缴义务人

我国境外的单位或者个人在境内销售劳务，在境内未设有经营机构的，以其境内代理人为扣缴义务人；在境内没有代理人的，以购买方为扣缴义务人。

（三）增值税征税范围

1. 增值税征税范围的一般规定

1) 销售货物

销售货物是指有偿转让货物的所有权。有偿是指从购买方取得货币、货物或者其他经济利益。货物是指有形动产，包括电力、热力、气体在内。

2) 加工、修理修配劳务

加工是指受托加工货物，即委托方提供原料及主要材料，受托方按照委托方的要求，制造货物并收取加工费的业务；修理修配是指受托对损伤和丧失功能的货物进行修复，使其恢复原状和功能的业务。

3）进口货物

进口货物是指申报进入中国海关境内的货物，只要是报关进口的应税货物，均属于增值税的征税范围，除享受免税政策的货物外，在进口环节缴纳增值税。

4）销售服务

销售服务是指提供交通运输服务、邮政服务、电信服务、建筑服务、金融服务、现代服务、生活服务。

关于销售服务的具体解析

5）销售无形资产

销售无形资产是指转让无形资产所有权或者使用权的业务活动。无形资产是指不具有实物形态，但能带来经济利益的资产，包括技术、商标、著作权、商誉、自然资源使用权和其他权益性无形资产。

6）销售不动产

销售不动产是指转让不动产所有权的业务活动。不动产是指不能移动或者移动后会引起性质、形状改变的财产，包括建筑物、构筑物等。

2. 增值税征税范围的特殊规定

1）视同销售货物

单位或者个体工商户的下列行为，视同销售货物：① 将货物交付其他单位或者个人代销；② 销售代销货物；③ 设有两个以上机构并实行统一核算的纳税人，将货物从一个机构移送其他机构用于销售，但相关机构设在同一县（市）的除外；④ 将自产或者委托加工的货物用于非增值税应税项目；⑤ 将自产、委托加工的货物用于集体福利或者个人消费；⑥ 将自产、委托加工或者购进的货物作为投资，提供给其他单位或者个体工商户；⑦ 将自产、委托加工或者购进的货物分配给股东或者投资者；⑧ 将自产、委托加工或者购进的货物无偿赠送其他单位或者个人。

2）混合销售

一项销售行为如果既涉及服务又涉及货物，为混合销售。从事货物的生产、批发或者零售的单位和个体工商户的混合销售行为，按照销售货物缴纳增值税；其他单位和个体工商户的混合销售行为，按照销售服务缴纳增值税。

3）兼营

纳税人兼营销售货物、劳务、服务、无形资产或者不动产，适用不同税率或者征收率的,应当分别核算适用不同税率或者征收率的销售额;未分别核算的,从高适用税率。

4)特殊项目

除了上述特殊行为外,还有一些特殊项目也需要缴纳增值税,如货物期货(在实物交割环节纳税)、银行销售金银的业务、典当业的死当物品销售业务、寄售业代委托人销售寄售物品的业务。

不属于纳税行为的情形

不征收增值税的项目

免征增值税的项目

(四)增值税税率和征收率

一般纳税人缴纳增值税采用简化的三档比例税率:基本税率13%,低税率9%和6%,零税率。小规模纳税人缴纳增值税采用简易计税,一般适用3%的征收率。一般纳税人特殊情况下采用简易计税方法适用征收率。

1. 增值税的基本税率

一般纳税人销售货物或者进口货物(适用低税率的除外),提供加工、修理修配劳务,销售有形动产租赁服务的,税率为13%。

2. 增值税的低税率

一般纳税人销售或者进口下列货物,按低税率计征增值税,税率为9%:粮食等农产品、食用植物油、食用盐;自来水、暖气、冷气、热水、煤气、石油液化气、天然气、二甲醚、沼气、居民用煤炭制品;图书、报纸、杂志、音像制品、电子出版物;饲料、化肥、农药、农机、农膜;国务院规定的其他货物。

一般纳税人提供交通运输服务、邮政服务、基础电信服务、建筑服务、不动产租赁服务,销售不动产,转让土地使用权,增值税税率为9%。

一般纳税人提供增值电信服务、金融服务、现代服务(不包括有形动产租赁服务、不动产租赁服务)和生活服务,销售无形资产(不包括转让土地使用权),增值税税率为6%。

3. 增值税的零税率

增值税的零税率适用于纳税人出口货物(国务院另有规定的除外)或者境内单位和个人跨境销售国务院规定范围内的服务、无形资产。

4. 增值税的征收率

小规模纳税人及允许采用简易计税方法计税的一般纳税人,征收率为3%。另有规定的除外。

(五)增值税起征点

个人发生应税行为的销售额未达到增值税起征点的,免征增值税;达到起征点的,全额计算缴纳增值税。现行增值税起征点的幅度规定如下:销售货物的,为月销售额5 000~20 000元;销售应税劳务的,为月销售额5 000~20 000元;按次纳税的,为每次(日)销售额300~500元。省、自治区、直辖市财政厅(局)和税务局应在规定的幅度内,根据实际情况确定本地区适用的起征点。

自2023年1月1日至2027年12月31日,增值税小规模纳税人发生增值税应税销售行为,合计月销售额未超过10万元(以1个季度为1个纳税期的,季度销售额未超过30万元)的,免征增值税。

三、任务处理

本任务导入中,云城伟业智能装备制造有限公司年应税销售额在800万元左右,远超小规模纳税人的标准,且其会计核算健全,能够按照国家统一的会计制度规定设置账簿,能够提供准确的税务资料,因此该公司符合办理增值税一般纳税人登记的条件,应向主管税务机关填报《增值税一般纳税人登记表》,如实填写固定生产经营场所等信息,并提供税务登记证件,办理一般纳税人登记。自一般纳税人生效之日起,按照增值税一般计税方法计算应纳税额,并通过增值税防伪税控系统使用增值税专用发票。

四、任务实践

经国务院批准,自2016年5月1日起,在全国范围内全面推开营改增试点,建筑业、房地产业、金融业、生活服务业等全部营业税纳税人,纳入试点范围,由缴纳营业税改为缴纳增值税。请查阅国家税务总局及相关政府部门发布的相关政策文件,分析营业税改征增值税对企业有什么影响?

任务二 增值税税款的计算

一、任务导入

2024年2月8日,云城伟业智能装备制造有限公司销售给乙企业一批货物,增值税专用发票上注明的不含增值税的销售额为 60 000 元,适用税率 13%,同时向购买方收取包装物租金 1 000 元。2 月 15 日购进货物,增值税专用发票上注明并按规定可以抵扣的税款为 7 000 元。如何计算该公司当期的销项税额、应纳增值税额?

二、知识准备

增值税的计税方法,主要包括一般计税和简易计税。

(一) 一般计税方法

一般计税方法适用于一般纳税人。增值税额的计算公式为:

$$应纳税额 = 当期销项税额 - 当期进项税额$$

当期销项税额小于当期进项税额不足抵扣时,其不足部分可以结转下期继续抵扣。

1. 增值税销项税额的计算

销项税额是指纳税人发生应税销售行为,按照销售额乘以适用的税率计算收取的增值税额。其计算公式为:

$$销项税额 = 销售额 \times 适用税率$$

1) 一般销售方式下销售额的计算

销售额为纳税人发生应税销售行为收取的全部价款和价外费用,但是不包括收取的销项税额。

2) 价税合并收取情况下销售额的确定

价税合并收取情况下,普通发票上的含税销售额需换算成不含税销售额,作为增值税的计税依据。其换算公式为:

$$销售额 = 含税销售额 \div (1 + 税率)$$

增值税一般纳税人(包括纳税人自己或代其他部门)向购买方收取的价外费用和逾期包装物押金,应视为含税收入,在征税时换算成不含税收入并入销售额计征增值税。

3) 需要核定情况下销售额的确定

纳税人发生应税销售行为的价格明显偏低并无正当理由的,或有视同销售货物行为而无销售额的情况下,按照下列顺序确定销售额:

① 按纳税人最近时期同类货物的平均销售价格确定。
② 按其他纳税人最近时期同类货物的平均销售价格确定。
③ 按组成计税价格确定。其计算公式为:

$$组成计税价格 = 成本 \times (1 + 成本利润率)$$

属于应征消费税的货物,其组成计税价格中应加计消费税额。其计算公式为:

$$组成计税价格 = 成本 \times (1 + 成本利润率) + 消费税额$$

公式中的成本利润率由国家税务总局确定，一般为10%。但属于应采用从价定率及复合计税办法征收消费税的货物，则按《消费税若干具体问题的规定》中规定的成本利润率。

2. 增值税进项税额的确认

进项税额是指纳税人购进货物、劳务、服务、无形资产、不动产支付或者负担的增值税额。纳税人在购进货物，接受加工、修理修配劳务、服务、无形资产或者不动产的过程中，必须取得合法有效凭证，纳税人取得增值税专用发票上注明的增值税额为进项税额，准予从销项税额中抵扣。纳税人取得的增值税扣税凭证不符合法律、行政法规或者国务院税务主管部门有关规定的，其进项税额不得从销项税额中抵扣。

增值税一般纳税人取得增值税专用发票、海关进口增值税专用缴款书、机动车销售统一发票、收费公路通行费增值税电子普通发票，在进行增值税纳税申报时，应当通过本省（自治区、直辖市和计划单列市）增值税发票综合服务平台对上述扣税凭证信息进行申报抵扣增值税进项税额或申请出口退税、代办退税的用途确认。

合法有效凭证及允许抵扣的进项税额

不得抵扣进项税额的情形

不得抵扣进项税额情形的税务处理

（二）简易计税方法

简易计税方法是一种简化的税务计算方法，主要适用于小规模纳税人以及一般纳税人中特定的应税销售行为。

1. 应纳税额的计算

小规模纳税人发生应税销售行为，实行按照销售额和征收率计算应纳税额的简易计税方法，其应纳税额计算公式为：

$$应纳税额 = 销售额 \times 征收率$$

小规模纳税人增值税征收率为3%，国务院另有规定的除外。

按简易计税方法取得的销售额是指销售货物或提供应税劳务收取的全部价款和价外费用，但是不包括按征收率收取的增值税额。在简易计税方法下，纳税人不得抵扣进项税额。纳税人适用简易计税方法计税的，因销售折让、中止或者退回而退还给购买方的销售额，应当从当期销售额中扣减，扣减当期销售额后仍有余额，导致多缴纳了税款的，可以从以后的应纳税额中扣减。

一般纳税人发生财政部和国家税务总局规定的特定应税行为，可以选择适用的简易计税方法计税，但一经选择，36个月内不得变更。

2. 含税销售额的换算

按简易计税方法计算应纳税额时，必须将含税销售额换算为不含税的销售额后才能计算应纳税额。其公式为：

$$销售额 = 含税销售额 \div (1 + 征收率)$$

三、任务处理

对于销售货物的业务，销项税额＝销售额×适用税率。本任务导入中，不含税销售额为 60 000 元，适用的增值税税率为 13％，销项税额＝60 000 元×13％＝7 800 元。对于收取的包装物租金，也需要计算销项税额。由于包装物租金是含税的，需要先计算不含税的租金，然后再计算销项税额。不含税租金＝含税租金÷（1＋适用税率），不含税租金＝1 000 元÷（1＋13％）≈884.96 元，租金销项税额＝884.96 元×13％≈115.04 元。将上述两部分销项税额相加，得到总销项税额，总销项税额＝7 800 元＋115.04 元＝7 915.04 元。

应纳增值税额是当期销项税额减去当期可以抵扣的进项税额。本任务导入中当期可以抵扣的进项税额为 7 000 元，所以应纳增值税额＝7 915.04 元－7 000 元＝915.04 元。

综上，云城伟业智能装备制造有限公司 2024 年 2 月的销项税额为 7 915.04 元，应纳增值税额为 915.04 元。

四、任务实践

云城伟业智能装备制造有限公司 2024 年 5 月购销情况如下：

① 购进材料一批，已验收入库，取得的增值税专用发票上注明的金额为 350 万元（不含税），以上增值税专用发票都已经在本期认证。

② 购进辅助材料 20 吨，已验收入库，取得的增值税专用发票上注明的金额为 150 万元（不含税），以上增值税专用发票都已经在本期认证。

③ 直接向农民收购一批用于生产加工的农产品，经税务机关批准的收购凭证上注明的金额为 40 万元（不含税）。

④ 销售一批产品，货物发出并办妥银行托收手续，已向买方开具增值税专用发票，发票上的金额为 560 万元（不含税）。

⑤ 上月留抵的进项税额为 2 万元。

请计算云城伟业智能装备制造有限公司 5 月份应缴纳的增值税。

任务三　增值税的征收管理

一、任务导入

云城伟业智能装备制造有限公司 2024 年 3 月销售一批货物，因为业务需要，当月尚未收到货款就已开具发票。请问针对该项业务何时确认为增值税纳税义务发生时间？何时申报缴纳增值税？

二、知识准备

增值税由税务机关征收，进口货物的增值税由海关代征。

增值税优惠
政策的运用

（一）纳税义务发生时间

增值税纳税义务发生时间：

纳税人发生应税销售行为，为收讫销售款项或者取得索取销售款项凭据的当天；先开具发票的，为开具发票的当天。采用的结算方式不同，纳税义务发生时间的确认也不相同，具体规定如下：

① 采取直接收款方式销售货物的，不论货物是否发出，均为收到销售款或取得索取销售款凭据的当天。

② 采取托收承付和委托银行收款方式销售货物的，为发出货物并办妥托收手续的当天。

③ 采取赊销和分期收款方式销售货物的，为书面合同约定的收款日期的当天；无书面合同的或书面合同没有约定收款日期的，为货物发出的当天。

④ 采取预收款方式销售货物的，为货物发出的当天，但生产销售工期超过 12 个月的大型机械设备、船舶、飞机等货物，为收到预收款或书面合同约定的收款日期的当天；提供有形动产租赁服务采取预收款方式的，为收到预收款的当天。

⑤ 委托其他纳税人代销货物的，为收到代销单位的代销清单或收到全部或部分货款的当天；未收到代销清单及货款的，为发出代销货物满 180 天的当天。

纳税人进口货物，纳税义务发生时间为报关进口的当天。

增值税扣缴义务发生时间为纳税人增值税纳税义务发生的当天。

（二）纳税期限

增值税的纳税期限分别为 1 日、3 日、5 日、10 日、15 日、1 个月或者 1 个季度。纳税人的具体纳税期限，由主管税务机关根据纳税人应纳税额的大小分别核定；不能按照固定期限纳税的，可以按次纳税。

纳税人以 1 个月或者 1 个季度为 1 个纳税期的,自期满之日起 15 日内申报纳税;以 1 日、3 日、5 日、10 日或者 15 日为 1 个纳税期的,自期满之日起 5 日内预缴税款,于次月 1 日起 15 日内申报纳税并结清上月应纳税款。纳税人进口货物,应当自海关填发海关进口增值税专用缴款书之日起 15 日内缴纳税款。

(三)纳税地点

固定业户应当向其机构所在地的主管税务机关申报纳税。总机构和分支机构不在同一县(市)的,应当分别向各自所在地的主管税务机关申报纳税;经国务院财政、税务主管部门或者其授权的财政、税务机关批准,可以由总机构汇总向总机构所在地的主管税务机关申报纳税。

固定业户到外县(市)销售货物或者劳务,应当向其机构所在地的主管税务机关报告外出经营事项,并向其机构所在地的主管税务机关申报纳税;未报告的,应当向销售地或者劳务发生地的主管税务机关申报纳税;未向销售地或者劳务发生地的主管税务机关申报纳税的,由其机构所在地的主管税务机关补征税款。

非固定业户销售货物或者劳务,应当向销售地或者劳务发生地的主管税务机关申报纳税;未向销售地或者劳务发生地的主管税务机关申报纳税的,由其机构所在地或者居住地的主管税务机关补征税款。

进口货物,应当向报关地海关申报纳税。扣缴义务人应当向其机构所在地或者居住地的主管税务机关申报缴纳其扣缴的税款。

(四)增值税专用发票的使用与管理

增值税专用发票,是作为销售方的增值税纳税人销售货物、劳务、服务、无形资产或者不动产开具的发票。它是作为购买方增值税纳税人支付增值税额并可按照增值税有关规定据以抵扣增值税进项税额的凭证(据以抵扣增值税进项税额的权利仅限于增值税一般纳税人)。一般纳税人应通过增值税防伪税控系统使用专用发票。使用,包括申领、开具、缴销、认证纸质专用发票及其相应的数据电文。

自 2020 年 2 月 1 日起,增值税小规模纳税人(其他个人除外)发生增值税应税行为,需要开具增值税专用发票的,可以自愿使用增值税发票管理系统自行开具。选择自行开具增值税专用发票的小规模纳税人,税务机关不再为其代开增值税专用发票。使用,对于小规模纳税人来说,包括申领、开具、缴销。

不得申领
增值税专用
发票的情况

三、任务处理

纳税人发生应税销售行为,为收讫销售款项或者取得索取销售款项凭据的当天;先开具发票的,为开具发票的当天。因此,云城伟业智能装备制造有限公司 2024 年 3 月开具发票时,便应确认增值税纳税义务的发生,并按规定的纳税期限申报缴纳增值税。

四、任务实践

2024年1月，国家税务总局公布《关于修改〈中华人民共和国发票管理办法实施细则〉的决定》，进一步规范发票的管理。请查阅最新的《中华人民共和国发票管理办法》《中华人民共和国发票管理办法实施细则》《增值税专用发票使用规定》，了解我国关于加强发票管理、防止税款流失、维护市场经济秩序的相关规定。

项目实训

1. 实训背景

云城伟业智能装备制造有限公司2024年3月完成了多份销售合同，并采购了大量原材料。作为财务部的实习生，小明需要根据公司的经营活动，计算应缴纳的增值税，并完成纳税申报。

① 销售给甲企业智能装备10套，每套售价10万元，含税销售额共计100万元。
② 销售给乙企业智能装备5套，每套售价8万元，含税销售额共计40万元。
③ 采购原材料取得的增值税专用发票上注明的进项税额共计6万元。
④ 上期留抵税额1万元。

2. 实训要求

（1）根据公司的销售额和税率，计算公司3月份的销项税额。
（2）根据采购原材料的进项税额，计算可抵扣的进项税额。
（3）确定本期应缴纳的增值税额。

学习效果测评

项目测评表

知识点	评价指标	自评结果
		知识测评
知识点1	1.	□A⁺ □A □B □C □C⁻
	2.	□A⁺ □A □B □C □C⁻
	3.	□A⁺ □A □B □C □C⁻

续表

知识测评		
知识点	评价指标	自评结果
知识点2	1.	□A⁺　□A　□B　□C　□C⁻
	2.	□A⁺　□A　□B　□C　□C⁻
	3.	□A⁺　□A　□B　□C　□C⁻
能力测评		
技能点	评价指标	自评结果
技能点1	1.	□A⁺　□A　□B　□C　□C⁻
	2.	□A⁺　□A　□B　□C　□C⁻
	3.	□A⁺　□A　□B　□C　□C⁻
技能点2	1.	□A⁺　□A　□B　□C　□C⁻
	2.	□A⁺　□A　□B　□C　□C⁻
	3.	□A⁺　□A　□B　□C　□C⁻
素养测评		
素养点	评价指标	自评结果
素养点1	1.	□A⁺　□A　□B　□C　□C⁻
	2.	□A⁺　□A　□B　□C　□C⁻
	3.	□A⁺　□A　□B　□C　□C⁻
素养点2	1.	□A⁺　□A　□B　□C　□C⁻
	2.	□A⁺　□A　□B　□C　□C⁻
	3.	□A⁺　□A　□B　□C　□C⁻
薄弱项记录		
我掌握得不太好的知识		
我还没有掌握的技能		
我想提升的素养		
教师签字		

项目九　认识消费税

项目背景

消费税是国际上普遍采用的对特定的某些消费品和消费行为征收的一种间接税。学习消费税，不仅能够了解国家产业政策和消费政策，知晓国家对消费的引导与需求，帮助企业做好税务筹划，还能根据消费税今后趋于绿色环保、资源有效配置以及扩大健康消费需求等改革方向，引导企业投资流向和提供未来发展决策建议，帮助消费者树立健康的消费观念，合理地调节自身消费行为。

本项目将围绕消费税的认知、消费税应纳税额计算以及消费税征收管理，帮助学习者认识消费税，辨析应税消费品及纳税环节，正确计算消费税应纳税额。

学习目标

◆ **知识目标**

掌握消费税的概念；

掌握消费税的征收与计算；

熟悉消费税的税目和税率；

了解消费税纳税义务发生时间、纳税期限与纳税地点。

◆ **能力目标**

能够准确辨析消费税纳税环节；

能够正确进行消费税应纳税额计算；

能够随时跟进消费税改革的政策与方向。

◆ **素养目标**

引导学生树立正确的法治观念及依法纳税、诚信纳税的社会责任感；

引导学生养成健康的消费观与正确价值观，树立环保、节约资源、低碳生活的理念；

引导学生加强对国家税收政策和经济调控的理解及对市场行为的洞察力。

工作场景与要求

某酒业生产公司,主要从事各类酒的生产、销售以及部分进口酒类业务。小明介绍小林到该公司财务部门的税务岗位进行实习。酒业公司的产品是各类酒品,除了增值税、所得税外,税务岗位还需要负责消费税相关的工作。在实习期,小林需要迅速学习消费税的知识,识别应税消费品、判断纳税环节、掌握消费税应纳税额的计算以及消费税征收管理的政策,更要主动去了解国家产业政策和消费政策,提升税务筹划的能力。

任务一 消费税相关概念

一、任务导入

小明的同学小林在一家从事不同类型的酒类产品生产的酒业公司财务部实习。他告诉小明,酒类产品是需要征收消费税的。1994年至今,酒类消费税已经征收了30年。请问什么是消费税?在哪个环节征税?

二、知识准备

消费税是国家根据产业政策要求,对货物在普遍征收增值税的基础上选择一部分货物加征的一种流转税,目的在于引导消费、调整产业结构,调节收入分配、增加财政收入。

(一)消费税的含义

消费税是对我国境内从事生产、委托加工、进口、销售特定的消费品的单位和个人,就其销售额或销售数量,在特定环节征收的一种税。

(二)消费税纳税人及扣缴义务人

1. 消费税纳税人

在我国境内生产、委托加工和进口《中华人民共和国消费税暂行条例》规定的消费品的单位和个人,以及国务院确定的销售《中华人民共和国消费税暂行条例》规定的消费品的其他单位和个人,为消费税的纳税人。

2. 消费税扣缴义务人

委托加工的应税消费品,除受托方为个人外,由受托方向机构所在地或者居住地的主管税务机关解缴消费税税款。该受托方为消费税的扣缴义务人。

进口的应税消费品,应当向报关地海关申报纳税。

(三) 征税范围

目前征收消费税的有 15 个税目,分别是烟,酒,高档化妆品,贵重首饰及珠宝玉石,鞭炮、焰火,成品油,摩托车,小汽车,高尔夫球及球具,高档手表,游艇,木制一次性筷子,实木地板,电池,涂料;部分税目还进一步划分若干子目。

消费税征税范围的具体规定

(四) 征收环节

纳税人生产的应税消费品,于纳税人销售时纳税。纳税人自产自用的应税消费品,用于连续生产应税消费品的,不纳税;用于其他方面的,于移送使用时纳税。

委托加工的应税消费品,除受托方为个人外,由受托方在向委托方交货时代收代缴税款。委托加工的应税消费品,委托方用于连续生产应税消费品的,所纳税款准予按规定抵扣。

进口的应税消费品,于报关进口时纳税。

(五) 税率

消费税税目税率表如表 9-1 所示。

表 9-1 消费税税目税率表

税目	税率
一、烟	
1. 卷烟	
(1) 甲类卷烟	56%+0.003 元/支(生产环节)
(2) 乙类卷烟	36%+0.003 元/支(生产环节)
(3) 甲类和乙类卷烟	11%+0.005 元/支(批发环节)
2. 雪茄烟	36%
3. 烟丝	30%
4. 电子烟	36%(生产环节) 11%(批发环节)

续表

税目	税率
二、酒	
1. 白酒	20%＋0.5元/500克
2. 黄酒	240元/吨
3. 啤酒	
（1）甲类啤酒	250元/吨
（2）乙类啤酒	220元/吨
4. 其他酒	10%
三、高档化妆品	15%
四、贵重首饰及珠宝玉石	
1. 金银首饰、铂金首饰和钻石及钻石饰品	5%（零售环节）
2. 其他贵重首饰和珠宝玉石	10%（生产环节）
五、鞭炮、焰火	15%
六、成品油	
1. 汽油	1.52元/升
2. 柴油	1.20元/升
3. 航空煤油	1.20元/升
4. 石脑油	1.52元/升
5. 溶剂油	1.52元/升
6. 润滑油	1.52元/升
7. 燃料油	1.20元/升
七、摩托车	
1. 气缸容量（排气量，下同）为250毫升的	3%
2. 气缸容量在250毫升（不含250毫升）以上的	10%
八、小汽车	
1. 乘用车（按气缸容量）	1%～40%
2. 中轻型商用客车	5%
3. 超豪华小汽车	10%（零售环节）
九、高尔夫球及球具	10%
十、高档手表	20%
十一、游艇	10%

续表

税目	税率
十二、木制一次性筷子	5%
十三、实木地板	5%
十四、电池	4%
十五、涂料	4%

三、任务处理

消费税是对特定消费品和消费行为征收的一种间接税。它通常在商品的生产、委托加工、进口和销售环节征收，目的是调节消费结构、引导消费行为，并对某些特定消费品进行税收调控。酒类产品在中国是需要缴纳消费税的。酒类属于应税消费品中的一个税目，包括白酒、黄酒、啤酒等。对于酒类产品，消费税通常在生产或进口环节征收。酒类产品的消费税税率根据具体类型和酒精度数有所不同，企业需要根据其生产或进口的酒类产品的具体分类和税率来计算应缴税额。

四、任务实践

国务院印发的《新能源汽车产业发展规划（2021—2035年）》要求落实新能源汽车相关税收优惠政策。根据目前以气缸容量作为消费税征收标准的政策，未配置发动机的纯电动汽车不在消费税的应税范围内。请结合所学知识，分析这一政策对新能源汽车消费市场产生的影响。

任务二　消费税税款的计算

一、任务导入

小林所在的酒业公司为增值税一般纳税人，2024年3月酒类产品的销售数据如表9-2所示。小林需计算公司2024年3月生产销售的各类酒的消费税应纳税额。

表9-2　酒业公司2024年3月销售数据

产品名称	销售数量（单位：吨）	不含增值税销售额（单位：元）	税率
A型白酒	20	2 000 000	20%＋0.5元/500克

续表

产品名称	销售数量（单位：吨）	不含增值税销售额（单位：元）	税率
B型黄酒	10	150 000	240元/吨
C型甲类啤酒	30	120 000	250元/吨
D型葡萄酒	8	48 000	10%

请问消费税的计税依据是什么？如何计算消费税应纳税额？

二、知识准备

消费税实行从价定率、从量定额或者从价定率和从量定额复合计税（简称复合计税）的办法计算应纳税额。

（一）生产销售应税消费品应纳税额的计算

生产销售应税消费品指企业生产应税消费品并直接对外销售的行为。根据应税消费品的性质，消费税应纳税额的计算有从价定率、从量定额或者从价定率和从量定额复合计税三种办法。

1. 从价定率

实行从价定率办法征税的对外销售应税消费品，消费税的计税依据为应税消费品的销售额。其计算公式为：

实行从价定率办法计算的应纳税额＝销售额×消费税比例税率

销售额为纳税人销售应税消费品向购买方收取的全部价款和价外费用。价外费用是指价外向购买方收取的手续费、补贴、返还利润、奖励费、包装费、包装物租金、代收款项、代垫款项及其他各种性质的价外收费。

应税消费品在缴纳消费税时，与一般货物一样，都还要缴纳增值税。因此，应税消费品的销售额，不包括应向购货方收取的增值税税款。如果纳税人应税消费品的销售额中未扣除增值税税款或者因不得开具增值税专用发票而发生价款和增值税税款合并收取的，在计算消费税时，应当换算为不含增值税税款的销售额。其换算公式为：

应税消费品的销售额＝含增值税的销售额÷（1＋增值税税率或征收率）

2. 从量定额

实行从量定额办法征税的对外销售应税消费品，消费税的计税依据为应税消费品的销售数量。其计算公式为：

实行从量定额办法计算的应纳税额＝销售数量×消费税定额税率

按消费税的相关规定，黄酒、啤酒和成品油采用从量定额的征税方法，其计量单位的换算标准如表 9-3 所示。

表 9-3　应税消费品计量单位换算标准表

序号	应税消费品	计量换算标准
1	黄酒	1 吨＝962 升
2	啤酒	1 吨＝988 升
3	汽油	1 吨＝1 388 升
4	柴油	1 吨＝1 176 升
5	航空煤油	1 吨＝1 246 升
6	石脑油	1 吨＝1 385 升
7	溶剂油	1 吨＝1 282 升
8	润滑油	1 吨＝1 126 升
9	燃料油	1 吨＝1 015 升

3. 复合计税

实行复合计税办法征税的对外销售应税消费品，计税依据为应税消费品的销售额和销售数量。其计算公式为：

实行复合计税办法计算的应纳税额＝销售额×消费税比例税率＋销售数量×消费税定额税率

现行消费税的征税范围中，只有卷烟和白酒采用复合计税方法。

（二）自产自用应税消费品应纳税额的计算

自产自用应税消费品是指纳税人生产应税消费品后，不是直接用于对外销售，而是用于连续生产应税消费品或用于其他方面。用于连续生产应税消费品，是指纳税人将自产自用的应税消费品作为直接材料用于生产最终应税消费品；用于其他方面，是指纳税人将自产自用的应税消费品用于生产非应税消费品、在建工程、管理部门、非生产机构、提供劳务，以及用于馈赠、赞助、集资、广告、样品、职工福利、奖励等方面。自产自用应税消费品，用于连续生产应税消费品的，不征消费税；用于其他方面的，在移送使用时征收消费税。

1. 从价定率

实行从价定率办法征税的自产自用应税消费品，纳税人有同类消费品销售价格的，以纳税人生产的同类消费品的销售价格为计税依据；没有同类消费品销售价格的，以组成计税价格为计税依据。其计算公式为：

组成计税价格＝（成本＋利润）÷（1－消费税比例税率）

实行从价定率办法计算的应纳税额＝同类消费品销售价格或组成计税价格×消费税比例税率

2. 从量定额

实行从量定额办法征税的自产自用应税消费品,消费税的计税依据为自产自用的应税消费品的移送使用数量。其计算公式为:

实行从量定额办法计算的应纳税额＝自产自用数量×消费税定额税率

3. 复合计税

实行复合计税办法征税的自产自用消费品,从价部分,按照纳税人生产的同类消费品的销售价格计算纳税,没有同类消费品销售价格的,按照组成计税价格计算纳税;从量部分,以纳税人自产自用应税消费品的移送使用数量作为计税依据计算纳税。其计算公式为:

组成计税价格＝(成本＋利润＋自产自用数量×消费税定额税率)÷(1－消费税比例税率)

实行复合计税办法计算的应纳税额＝同类消费品销售价格或组成计税价格×消费税比例税率＋自产自用数量×消费税定额税率

(三)委托加工应税消费品应纳税额的计算

委托加工应税消费品是指由委托方提供原料和主要材料,受托方只收取加工费和代垫部分辅助材料加工的应税消费品。凡不符合上述规定条件的,都不能按委托加工应税消费品进行税务处理,只能按照销售自产应税消费品缴纳消费税。

1. 从价定率

实行从价定率办法征税的委托加工应税消费品,以受托方的同类消费品的销售价格为计税依据。没有同类消费品销售价格的,以组成计税价格为计税依据。其计算公式为:

组成计税价格＝(材料成本＋加工费)÷(1－消费税比例税率)

实行从价定率办法计算的应纳税额＝同类消费品销售价格或组成计税价格×消费税比例税率

2. 从量定额

实行从量定额计税办法征税的委托加工应税消费品,消费税的计税依据为委托加工收回的应税消费品数量。其计算公式为:

实行从量定额办法计算的应纳税额＝委托加工数量×消费税定额税率

3. 复合计税

实行复合计税办法征税的委托加工应税消费品,从价部分,按照受托方的同类消费品的销售价格计算纳税,没有同类消费品销售价格的,按照组成计税价格计算纳税;从量部分,以委托加工数量作为计税依据计算纳税。其计算公式为:

组成计税价格＝（材料成本＋加工费＋委托加工数量×消费税定额税率）÷（1－消费税比例税率）

实行复合计税办法计算的应纳税额＝同类消费品销售价格或组成计税价格×消费税比例税率＋委托加工数量×消费税定额税率

（四）进口应税消费品应纳税额的计算

1. 从价定率

实行从价定率办法征税的进口应税消费品，以组成计税价格为计税依据。其计算公式为：

组成计税价格＝（关税完税价格＋关税）÷（1－消费税比例税率）

实行从价定率办法计算的应纳税额＝组成计税价格×消费税比例税率

2. 从量定额

实行从量定额办法征税的进口应税消费品，消费税的计税依据为海关核定的应税消费品进口征税数量。其计算公式为：

实行从量定额办法计算的应纳税额＝进口数量×消费税定额税率

3. 复合计税

实行复合计税办法征税的进口应税消费品，从价部分，按照组成计税价格计算纳税；从量部分，以海关核定的进口应税消费品数量作为计税依据计算纳税。其计算公式为：

组成计税价格＝（关税完税价格＋关税＋进口数量×消费税定额税率）÷（1－消费税比例税率）

实行复合计税办法计算的应纳税额＝组成计税价格×消费税比例税率＋进口数量×消费税定额税率

三、任务处理

消费税实行从价定率、从量定额或者从价定率和从量定额复合计税的三种方法计算应纳税额。本任务导入中，酒业公司3月生产销售的酒类产品中，黄酒和啤酒依据销售数量采用从量定额的征税方法；白酒依据销售额和销售数量采用复合计税方法；葡萄酒属于"酒"税目下设的"其他酒"子目，依据销售额采用从价定率的征税方法。

A型白酒的消费税应纳税额＝销售额×消费税比例税率＋销售数量×消费税定额税率
　　　　　　　　　　　＝2 000 000元×20％＋20吨×(2 000×0.5)元／吨
　　　　　　　　　　　＝420 000元

B型黄酒的消费税应纳税额＝销售数量×消费税定额税率
　　　　　　　　　　　＝10吨×240元／吨＝2 400元

C 型甲类啤酒的消费税应纳税额＝销售数量×消费税定额税率
＝30 吨×250 元／吨＝7 500 元
D 型葡萄酒的消费税应纳税额＝销售额×消费税比例税率
＝48 000 元×10％＝4 800 元

四、任务实践

酒业公司本月进口 6 吨白酒，海关核定的关税完税价格为 1 800 000 元。关税税率为 10％，白酒消费税比例税率为 20％，定额税率为 0.5 元／500 克。请计算这批白酒的消费税应纳税额是多少。

任务三　消费税的征收管理

一、任务导入

小林所在的酒业公司所在地为甲市，本月公司在甲市销售白酒一批；在乙市海关报关进口红酒一批；接受丙市客户委托加工黄酒一批。为了能保证正确填报及时纳税，小林需要了解不同情形中消费税纳税义务发生时间、纳税地点及纳税期限。

请问消费税的纳税地点以及纳税义务发生时间如何确定呢？

二、知识准备

消费税由税务机关征收，进口的应税消费品的消费税由海关代征。

（一）纳税义务发生时间

消费税纳税义务发生时间如下。

纳税人销售应税消费品的，按不同的销售结算方式分别为：

① 采取赊销和分期收款结算方式的，为书面合同约定的收款日期的当天，书面合同没有约定收款日期或者无书面合同的，为发出应税消费品的当天；

② 采取预收货款结算方式的，为发出应税消费品的当天；

③ 采取托收承付和委托银行收款方式的，为发出应税消费品并办妥托收手续的当天；

④ 采取其他结算方式的，为收讫销售款或者取得索取销售款凭据的当天。

纳税人自产自用应税消费品的，为移送使用的当天。

纳税人委托加工应税消费品的，为纳税人提货的当天。

纳税人进口应税消费品的，为报关进口的当天。

（二）纳税期限

消费税的纳税期限分别为 1 日、3 日、5 日、10 日、15 日、1 个月或者 1 个季度。纳税人的具体纳税期限，由主管税务机关根据纳税人应纳税额的大小分别核定；不能按照固定期限纳税的，可以按次纳税。

纳税人以 1 个月或者 1 个季度为 1 个纳税期的，自期满之日起 15 日内申报纳税；以 1 日、3 日、5 日、10 日或者 15 日为 1 个纳税期的，自期满之日起 5 日内预缴税款，于次月 1 日起 15 日内申报纳税并结清上月应纳税款。

纳税人进口应税消费品，应当自海关填发海关进口消费税专用缴款书之日起 15 日内缴纳税款。

（三）纳税地点

纳税人销售应税消费品，以及自产自用应税消费品的，除国务院财政、税务主管部门另有规定外，应当向纳税人机构所在地或者居住地的主管税务机关申报纳税。

纳税人到外县（市）销售或者委托外县（市）代销自产应税消费品的，于应税消费品销售后，向机构所在地或者居住地主管税务机关申报纳税。

纳税人的总机构与分支机构不在同一县（市）的，应当分别向各自机构所在地的主管税务机关申报纳税；经财政部、国家税务总局或者其授权的财政、税务机关批准，可以由总机构汇总向总机构所在地的主管税务机关申报纳税。

委托加工的应税消费品，除受托方为个人外，由受托方向机构所在地或者居住地的主管税务机关解缴消费税税款。委托个人加工的应税消费品，由委托方向其机构所在地或者居住地主管税务机关申报纳税。

进口的应税消费品，由进口人或者其代理人向报关地海关申报纳税。

三、任务处理

在本任务导入中，该酒业公司消费税纳税地点及纳税义务发生时间如表 9-4 所示。

表 9-4　酒业公司消费税纳税地点及纳税义务发生时间

业务类型	纳税地点	纳税义务发生时间
在甲市销售白酒	甲市税务机关	销售时
在乙市海关报关进口红酒	乙市海关	报关进口当天
接受丙市客户委托加工黄酒	甲市税务机关	丙市客户提货当天

四、任务实践

2024 年 8 月，酒业公司将自产的 2 吨新型粮食白酒作为职工福利发放给公司职工。

请思考该批白酒是否需要缴纳消费税？消费税纳税地点和纳税义务发生时间该如何进行确定？

项目实训

1. 实训背景

某酒业公司，2024 年 4 月发生以下业务：

① 销售白酒 6 吨，取得含增值税销售额 339 000 元；

② 受托为 A 市某酒厂加工乙类啤酒 2 吨，收取不含增值税加工费 20 000 元，接受移送原材料成本 12 000 元，酒业公司同类啤酒销售价格为 20 000 元/吨；

③ 公司将销售用黄酒和外购粽子组成端午礼盒 500 套，每套含增值税售价 565 元，其中黄酒含增值税售价 339 元；

④ 从 B 市进口葡萄酒 3 吨，海关核定的关税完税价格为 900 000 元，关税税率为 10%；

⑤ 将 1 吨自产葡萄酒作为职工福利发放。

2. 实训要求

（1）计算销售白酒的消费税应纳税额；
（2）计算委托加工乙类啤酒的消费税应纳税额；
（3）计算端午礼盒套装的消费税应纳税额；
（4）计算进口葡萄酒的消费税应纳税额；
（5）确定上述各业务的纳税地点以及纳税义务发生时间。

学习效果测评

项目测评表

知识测评		
知识点	评价指标	自评结果
知识点 1	1.	☐A⁺ ☐A ☐B ☐C ☐C⁻
	2.	☐A⁺ ☐A ☐B ☐C ☐C⁻
	3.	☐A⁺ ☐A ☐B ☐C ☐C⁻

续表

知识测评		
知识点	评价指标	自评结果
知识点2	1.	□A⁺ □A □B □C □C⁻
	2.	□A⁺ □A □B □C □C⁻
	3.	□A⁺ □A □B □C □C⁻
能力测评		
技能点	评价指标	自评结果
技能点1	1.	□A⁺ □A □B □C □C⁻
	2.	□A⁺ □A □B □C □C⁻
	3.	□A⁺ □A □B □C □C⁻
技能点2	1.	□A⁺ □A □B □C □C⁻
	2.	□A⁺ □A □B □C □C⁻
	3.	□A⁺ □A □B □C □C⁻
素养测评		
素养点	评价指标	自评结果
素养点1	1.	□A⁺ □A □B □C □C⁻
	2.	□A⁺ □A □B □C □C⁻
	3.	□A⁺ □A □B □C □C⁻
素养点2	1.	□A⁺ □A □B □C □C⁻
	2.	□A⁺ □A □B □C □C⁻
	3.	□A⁺ □A □B □C □C⁻
薄弱项记录		
我掌握得不太好的知识		
我还没有掌握的技能		
我想提升的素养		
教师签字		

项目十　认识企业所得税

项目背景

企业所得税,是国家对企业在一定时期内的生产经营所得和其他所得征收的一种税,在全球范围内广泛征收。企业所得税是政府重要的财政收入来源之一,同时也是调节经济、促进公平竞争和鼓励投资的手段。学习企业所得税的相关知识,不仅可以帮助企业更好地履行纳税人义务、行使纳税人权利,也可以提升商业信誉和市场竞争力,积极履行社会责任。

本项目将帮助学习者辨析企业所得税应税收入项目、免税收入项目、不征税收入项目、常见的扣除项以及税收优惠,了解纳税计算、申报流程与注意事项。

学习目标

◆ 知识目标

掌握企业所得税的概念、特点,以及税率、纳税人等主要税制要素;
熟悉企业所得税主要的优惠政策;
掌握企业所得税应纳税所得额的调整和应纳税额的计算方法;
了解企业所得税的征收管理。

◆ 能力目标

能判断企业所得税纳税人的种类;
能合理使用企业所得税优惠政策;
能正确进行应纳企业所得税额计算。

◆ 素养目标

引导学生树立正确的法治观念及依法纳税、诚信纳税的社会责任感;
引导学生探索税收优惠政策对企业创新和可持续发展的支持作用;

引导学生思考企业所得税与企业社会责任的关系,提高财务素养与决策能力。

工作场景与要求

财务部经理张森安排小明配合赵晴完成企业所得税年终汇算清缴工作。于是小明认真研读了《中华人民共和国企业所得税法》,了解了企业所得税基本税制要素,如纳税人、征税对象、税率等,学习了企业所得税应纳税额的计算方法,明确了纳税环节、纳税期限等,配合赵晴完成了企业所得税汇算清缴工作。

任务一 企业所得税相关概念

一、任务导入

云城伟业智能装备制造有限公司于 2019 年 9 月在我国境内注册成立,是一家集自主研发、高端制造、营销服务为一体的现代化智能制造企业。

请问云城伟业智能装备制造有限公司属于缴纳企业所得税的哪种类型的企业?企业所得税的征税对象是什么?

二、知识准备

(一)企业所得税的含义

企业所得税是指对中国境内企业和其他取得收入的组织(统称企业),以其生产经营所得和其他所得为征税对象所征收的一种所得税。

(二)企业所得税的纳税人及扣缴义务人

1. 企业所得税纳税人

企业所得税纳税人是在中国境内的企业,包括各类企业、事业单位、社会团体、民办非企业单位和从事经营活动的其他组织。个人独资企业、合伙企业不属于企业所得税纳税人。

企业所得税采取收入来源地管辖权和居民管辖权相结合的双管辖权，企业被分为居民企业和非居民企业，分别确定不同纳税义务。

1）居民企业

居民企业是指依法在中国境内成立，或者依照外国（地区）法律成立但实际管理机构在中国境内的企业。

2）非居民企业

非居民企业是指依照外国（地区）法律成立且实际管理机构不在中国境内，但在中国境内设立机构、场所的，或者在中国境内未设立机构、场所，但有来源于中国境内所得的企业。

实际管理机构

2. 企业所得税扣缴义务人

对非居民企业在中国境内未设立机构、场所的，或者虽设立机构、场所但取得的所得与其所设机构、场所没有实际联系的，取得来源于中国境内的所得应缴纳的所得税，实行源泉扣缴，以支付人为扣缴义务人。税款由扣缴义务人在每次支付或者到期应支付时，从支付或者到期应支付的款项中扣缴。

对非居民企业在中国境内取得工程作业和劳务所得应缴纳的所得税，税务机关可以指定工程价款或者劳务费的支付人为扣缴义务人。

（三）企业所得税的征税对象

企业所得税的征税对象包括中国境内的企业取得的生产经营所得和其他所得，即以货币形式和非货币形式从各种来源取得的收入，包括以下九类：销售货物收入，提供劳务收入，转让财产收入，股息、红利等权益性投资收益，利息收入，租金收入，特许权使用费收入，接受捐赠收入和其他收入。

居民企业应当就其来源于中国境内、境外的所得缴纳企业所得税。非居民企业在中国境内设立机构、场所的，应当就其所设机构、场所取得的来源于中国境内的所得，以及发生在中国境外但与其所设机构、场所有实际联系的所得，缴纳企业所得税。非居民企业在中国境内未设立机构、场所的，或者虽设立机构、场所但取得的所得与其所设机构、场所没有实际联系的，应当就其来源于中国境内的所得缴纳企业所得税。

（四）企业所得税的税率

在我国，企业所得税税率采用比例税率。不同类型企业有不同的税率标准。

1. 基本税率

居民企业应当就其来源于中国境内、境外的所得缴纳企业所得税，适用的企业所得税税率为25％；非居民企业在中国境内设立机构、场所的，应当就其所设机构、场所取得的来源于中国境内的所得，以及发生在中国境外但与其所设机构、场所有实际联系的所得，缴纳企业所得税，适用的企业所得税税率为25％。

2. 优惠税率

非居民企业在中国境内未设立机构、场所的，或者虽设立机构、场所但取得的所得与其所设立机构、场所没有实际联系的，其来源于中国境内的所得缴纳企业所得税，适用的企业所得税税率为20％，但实际征税时适用10％的税率。

国家为了重点扶持和鼓励发展特定的产业和项目，对符合条件的小型微利企业，自2023年1月1日至2024年12月31日，年应纳税所得额不超过100万元的部分，减按25％计入应纳税所得额，按20％的税率缴纳企业所得税；年应纳税所得额超过100万元但不超过300万元的部分，减按25％计入应纳税所得额，按20％的税率缴纳企业所得税。对于国家重点扶持的高新技术企业，减按15％的税率征收企业所得税。

三、任务处理

云城伟业智能装备制造有限公司在中国境内成立，符合居民企业的标准，属于缴纳企业所得税的居民企业，适用25％的基本税率，应当就其来源于中国境内和境外的所得缴纳企业所得税，包括销售货物收入，利息收入，租金收入，特许权使用费收入，转让财产收入，提供劳务收入，股息、红利等权益性投资收益，接受捐赠收入和其他收入。

四、任务实践

某新加坡企业（实际管理机构不在中国境内）在中国境内设立分支机构，2023年该机构在中国境内取得咨询收入400万元，在中国境内培训技术人员，取得对方支付的培训收入150万元，该企业属于企业所得税的哪类纳税人？适用的企业所得税税率是多少？

任务二　企业所得税税款的计算

一、任务导入

云城伟业智能装备制造有限公司为增值税一般纳税人。通过查阅账套和相关材料，小明整理2023年度企业所得税纳税数据如下：

① 取得产品销售收入6 940万元，营业外收入60万元（收到供应商违约金收入30万元、资产溢余收入30万元），控股子公司分配利润200万元。

② 产品销售成本4 860万元。

③ 支付的各项税费210万元（其中，增值税180万元）。

④ 发生销售费用347万元（其中，广告费250万元）。

⑤ 发生管理费用700万元（其中，业务招待费50万元、新产品开发费用150万元）。

⑥ 发生财务费用100万元，其中，当年1月1日向其他非金融企业（非关联企业）签订生产性借款合同，记载借款金额700万元，借款期限一年，支付利息费用70万元，同期银行贷款的年利率为5%。

⑦ 营业外支出20万元，其中，向有关政府部门支付罚款5万元。

⑧ 全年计入成本、费用中的合理的工资支出600万元；拨缴的工会经费18万元；实际发生的职工福利费90万元，支出的职工教育经费40万元。

企业无允许弥补的以前年度亏损。小明要测算该企业当年应缴企业所得税金额，为填制企业所得税纳税申报表做好准备。

请问应纳企业所得税额该如何计算？

二、知识准备

企业的应纳税所得额乘以适用税率，减除依照企业所得税法关于税收优惠的规定减免和抵免的税额后的余额，为应纳企业所得税额。

（一）应纳税所得额的计算

应纳税所得额是企业所得税的计税依据，其确定应以权责发生制为原则。企业每一纳税年度的收入总额，减除不征税收入、免税收入、各项扣除以及允许弥补的以前年度亏损后的余额，为应纳税所得额。其计算公式为：

应纳税所得额＝收入总额－不征税收入－免税收入－准予扣除项目－允许弥补的以前年度亏损

（二）收入总额的确定

收入总额是企业以货币形式和非货币形式从各种来源取得的收入，包括：销售货物收入，提供劳务收入，转让财产收入，股息、红利等权益性投资收益，利息收入，租金收入，特许权使用费收入，接受捐赠收入，以及其他收入。

收入总额的具体项目

（三）不征税收入

不征税收入是指从性质和根源上不属于企业营利性活动带来的经济利益、不负有纳税义务并不作为应纳税所得额组成部分的收入，主要包括：财政拨款，依法收取并纳入财政管理的行政事业性收费、政府性基金，以及国务院规定的其他不征税收入。

不征税收入的具体项目

（四）免税收入

免税收入是指属于企业的应税所得，但按照税法规定免予征收企业所得税的收入，主要包括：国债利息收入，符合条件的居民企业之间的股息、红利等权益性投资收益，在中国境内设立机构、场所的非居民企业从居民企业取得与该机构、场所有实际联系的股息、红利等权益性投资收益，符合条件的非营利组织的收入。

免税收入的具体项目

（五）准予扣除项目

准予扣除项目是指企业在生产经营过程中实际发生的与取得收入有关的各项合理支出，包括成本、费用、税金、损失和其他支出。

1. 成本

成本，是指企业在生产经营活动中发生的销售成本、销货成本、业务支出以及其他耗费。

成本的具体项目

2. 费用

费用，是指企业在生产经营活动中发生的销售费用、管理费用和财务费用，已经计入成本的有关费用除外。

费用的具体项目

3. 税金

税金，是指企业发生的除企业所得税和允许抵扣的增值税以外的各项税金及其附加，包括企业发生的消费税、资源税、土地增值税、城市维护建设税、教育费附加、地方教育附加等。

4. 损失

损失，是指企业在生产经营活动中发生的固定资产和存货的盘亏、毁损、报废损失，转让财产损失，呆账损失，坏账损失，自然灾害等不可抗力因素造成的损失以及其他损失。

税金及损失的特别说明

5. 其他支出

其他支出，是指除成本、费用、税金、损失外，企业在生产经营活动中发生的与生产经营活动有关的、合理的支出。

企业所得税
允许扣除的
主要项目及标准

（六）不得扣除项目

企业在计算企业所得税应纳税所得额时，应严格按照税法的规定分清可扣除项目和不得扣除项目。下列支出一律不得在应纳税所得额中扣除：

① 企业所得税税款；
② 各种税收滞纳金、行政罚金、罚款，以及被没收财物的损失；
③ 因投资者权益性投资而向其支付的股息、红利等；
④ 超出标准的捐赠支出、企业发生的与生产经营活动无关的各项非广告性质支出；
⑤ 不符合国务院财政、税务主管部门规定的各项准备金支出；
⑥ 企业之间支付的管理费、企业内营业机构之间支付的租金和特许权使用费，以及非银行企业内营业机构之间支付的利息；
⑦ 与取得收入无关的其他支出。

（七）允许弥补的以前年度亏损

企业纳税年度发生的亏损，准予向以后年度结转，用以后年度的所得弥补，但结转年限最长不得超过五年。五年内不论是盈利或亏损，都作为实际弥补期限计算。这里所说的亏损，不是企业财务报表中反映的亏损额，而是企业财务报表中的亏损额经主管税务机关按税法规定核实调整后的金额。

（八）税收优惠

企业所得税的税收优惠包括税率优惠、免税、减税、加计扣除、加速折旧、减计收入、税额抵免等。

1. 免税与减税

企业的下列所得，可以免征、减征企业所得税：从事农、林、牧、渔业项目的所得；从事国家重点扶持的公共基础设施项目投资经营的所得；从事符合条件的环境保护、节能节水项目的所得；符合条件的技术转让所得。民族自治地方的自治机关对本民族自治地方的企业应缴纳的企业所得税中属于地方分享的部分，可以决定减征或者免征。

2. 加计扣除

企业的下列支出，可以在计算应纳税所得额时加计扣除：开发新技术、新产品、新工艺发生的研究开发费用；安置残疾人员及国家鼓励安置的其他就业人员所支付的工资。

根据财政部、国家税务总局公告 2023 年第 7 号文,企业开展研发活动中实际发生的研发费用,未形成无形资产计入当期损益的,在按规定据实扣除的基础上,自 2023 年 1 月 1 日起,再按照实际发生额的 100% 在税前加计扣除;形成无形资产的,自 2023 年 1 月 1 日起,按照无形资产成本的 200% 在税前摊销。

3. 加速折旧

企业的固定资产由于技术进步等原因,确需加速折旧的,可以缩短折旧年限或者采取加速折旧的方法。

4. 减计收入

企业综合利用资源,生产符合国家产业政策规定的产品所取得的收入,可以在计算应纳税所得额时减计收入。

5. 税额抵免

企业购置用于环境保护、节能节水、安全生产等专用设备的投资额,可以按一定比例实行税额抵免。

(九)应纳所得税额的计算

企业所得税以企业应纳税所得额为计税依据。应纳税所得额是企业每一纳税年度的收入总额,减除不征税收入、免税收入、各项扣除和允许弥补的以前年度亏损后的余额。其计算公式为:

应纳税所得额=收入总额-不征税收入-免税收入-准予扣除项目-允许弥补的以前年度亏损

应缴纳的企业所得税额为应纳税所得额乘以适用税率,扣除依照税法规定减免和抵免的税额后的余额。其计算公式为:

应纳企业所得税额=应纳税所得额×适用税率-减免税额-抵免税额

三、任务处理

针对本任务导入中的案例,应纳企业所得税额的计算如下。
步骤 1:计算收入总额。
收入总额=产品销售收入+营业外收入+投资收益=6 940 万元+60 万元+200 万元=7 200 万元。
步骤 2:计算不征税收入和免税收入。
不征税收入=0 万元;
免税收入=200 万元。
收到的符合条件的居民企业之间的股息、红利等权益性投资收益免税。
步骤 3:计算准予扣除项目。
可扣除项目计算表如表 10-1 所示。

表 10-1　可扣除项目计算表

项目名称		实际发生金额/万元	扣除限额计算/万元	应扣除金额/万元
产品销售成本		4 860	合理支出，据实扣除	4 860
各项税费		210	扣除额＝210－180＝30。增值税作为价外税，与企业自身的成本、费用无直接关系，不得扣除	30
销售费用	广告费	250	扣除限额＝6 940×15％＝1 041＞250。发生的广告宣传费，不超过当年销售（营业）收入15％的部分，准予扣除；未超限额，据实扣除	250
	其他销售费用	97	合理支出，据实扣除	97
销售费用小计		347		347
管理费用	业务招待费	50	扣除限额＝50×60％＝30，未超过当年销售收入的5‰，即6 940×5‰＝34.7＞30。业务招待费按照发生额的60％扣除，但最高不得超过当年销售（营业）收入的5‰	30
	新产品开发费用	150	扣除额＝150×（1＋100％）＝300。开发新技术、新产品、新工艺产生的研究开发费用可以100％加计扣除	300
	其他管理费用	500	合理支出，据实扣除	500
管理费用小计		700		830
人员工资及"三项经费"	工资支出	600	合理支出，据实扣除；已计入成本费用，无须调整	0
	工会经费	18	扣除限额＝600×2％＝12＜18。工会经费不超过工资、薪金总额的2％的部分，准予扣除；已计入成本费用，超过限额，调减扣除额6万元	－6
	职工福利费	90	扣除限额＝600×14％＝84＜90。职工福利费扣除限额为工资、薪金总额的14％，超过标准的，按标准扣除；已计入成本费用，超过限额，调减扣除额6万元	－6

续表

项目名称		实际发生金额/万元	扣除限额计算/万元	应扣除金额/万元
人员工资及"三项经费"	职工教育经费	40	扣除限额=600×8%=48＞40。职工教育经费扣除限额为工资、薪金总额的8%，超过标准的，按标准扣除；已计入成本费用，未超限额，无须调整	0
人员工资及"三项经费"小计		748		−12
财务费用	向其他非金融企业借款发生利息支出	70	扣除限额=700×5%=35。非金融企业向非金融企业借款的利息支出，不超过按照金融企业同期同类贷款利率计算的数额的部分，准予扣除	35
	其他利息支出	30	合理支出，据实扣除	30
财务费用小计		100		65
营业外支出	行政罚款	5	行政罚金、罚款和被没收财物的损失违反了国家相关法律，不允许在企业所得税前扣除	0
	其他营业外支出	15	合理支出，据实扣除	15
营业外支出小计		20		15
合计				6 135

步骤4：计算允许弥补的以前年度亏损。

允许弥补的以前年度亏损=0万元。

步骤5：计算应纳税所得额。

应纳税所得额=收入总额−不征税收入−免税收入−准予扣除项目−允许弥补的以前年度亏损=7 200万元−0万元−200万元−6 135万元−0万元=865万元。

步骤6：计算应纳企业所得税额。

应纳企业所得税额=应纳税所得额×适用税率−减免税额−抵免税额=865万元×25%−0万元−0万元=216.25万元。

四、任务实践

某服装生产企业2023年实现商品销售收入2 000万元，国债利息收入50万元。该企业当年实际发生广告费 320 万元，发放制式工作服成本 20 万元。假设不考虑其他事项，请计算 2023 年该企业广告费和发放制式工作服可税前扣除的金额。

任务三　企业所得税的征收管理

一、任务导入

张经理安排小明梳理云城伟业智能装备制造有限公司的企业所得税纳税申报基本事项要点，包括纳税地点、纳税方式等。

请问企业所得税的纳税期限和地点是如何规定的？

二、知识准备

企业所得税采用按年计征，分月或分季预缴，年终汇算清缴的缴纳方式。

（一）纳税期限

企业所得税按纳税年度计征，自公历 1 月 1 日起至 12 月 31 日止，分月或分季预缴，年终汇算清缴后多退少补。其中，小型微利企业所得税统一实行按季度预缴。企业在一个纳税年度中间开业或终止经营活动，使该纳税年度的实际经营期不足 12 个月的，应以其实际经营期为一个纳税年度。

预缴企业所得税时，企业应当自月份或季度终了之日起 15 日内，向税务机关报送预缴企业所得税纳税申报表，预缴企业所得税。企业应当自年度终了之日起 5 个月内，向税务机关报送年度企业所得税纳税申报表，进行汇算清缴，结清应缴应退税款。

企业在年度中间终止经营活动的，应当自实际经营终止之日起 60 日内，向税务机关办理当期企业所得税汇算清缴。企业应当在办理注销登记前，就其清算所得向税务机关申报并依法缴纳企业所得税。

（二）纳税地点

除税收法律、行政法规另有规定外，居民企业以企业登记注册地为纳税地点；但登记注册地在境外的，以实际管理机构所在地为纳税地点。居民企业在中国境内设立不具有法人资格的营业机构的，应当汇总计算并缴纳企业所得税。

非居民企业在中国境内设立机构、场所的，以机构、场所所在地为纳税地点。非居民企业在中国境内设立两个或者两个以上机构、场所，符合国务院税务主管部门规定条件的，可以选择由其主要机构、场所汇总缴纳企业所得税。非居民企业在中国境内未设立机构、场所的，或者虽设立机构、场所但取得的所得与其所设机构、场所没有实际联系的，以扣缴义务人所在地为纳税地点。

（三）纳税申报的其他要求

企业所得税征收方式分为查账征收和核定征收。账簿、凭证、财务核算制度比较健全，能够如实核算的企业应采用查账征收方式。在报送企业所得税纳税申报表时，按照规定附送财务会计报告和其他有关资料。缴纳的企业所得税以人民币计算，所得以人民币以外的货币计算的，应当折合成人民币计算并缴纳税款。

企业在纳税年度内无论盈亏，均应依照企业所得税法规定期限，向税务机关报送预缴企业所得税纳税申报表、年度企业所得税纳税申报表、财务会计报告和税务机关要求报送的其他有关资料。

三、任务处理

云城伟业智能装备制造有限公司作为居民企业，应按公历年度（1月1日至12月31日）计征企业所得税，纳税地点为企业登记注册地。公司选择分季预缴，应自季度终了之日起15日内，向税务机关报送预缴企业所得税纳税申报表，预缴企业所得税；并自年度终了之日起5个月内，向税务机关报送年度企业所得税纳税申报表，进行汇算清缴，结清应缴应退税款。

四、任务实践

2021年12月20日，税务部门发布通报，头部网络主播黄薇（网名：薇娅）偷逃税被罚共计13.41亿元。黄薇在2019年至2020年期间，通过隐匿个人收入、虚构业务转换收入性质进行虚假申报等方式偷逃税款6.43亿元，其他少缴税款0.6亿元，依法对黄薇做出税务行政处理处罚决定，追缴税款、加收滞纳金并处罚款，共计13.41亿元。

2022年3月30日，国家互联网信息办公室、国家税务总局、国家市场监督管理总局发布《关于进一步规范网络直播营利行为促进行业健康发展的意见》，网络直播发布者开办的企业和个人工作室，应按照国家有关规定设置账簿，对其原则上采用查账征收方式计征所得税；切实规范网络直播平台和相关第三方企业委托代征、代开发票等税收管理。

依法纳税是每个公民的基本义务，直播行业不是法外之地。直播带货除了要遵守网络安全等方面的法律要求外，还要注意遵守税法，不能忘记乃至逃避依法纳税的义务。请查阅政府部门发布的政策文件与相关新闻报道，进一步了解黄薇偷逃税事件的主要事实并分析该事件对个人、行业和社会的影响。

项目实训

1. 实训背景

云城伟业智能装备制造有限公司于2024年发生下列业务：

① 销售产品收入7 600万元。

② 取得国债利息收入10万元。

③ 销售成本5 400万元，缴纳税金220万元（含增值税190万元）。

④ 销售费用390万元（其中包括广告费150万元），管理费用770万元（其中包括业务招待费50万元、新产品开发费用200万元）。

⑤ 财务费用50万元（皆为向金融企业借款的利息支出）。

⑥ 营业外支出20万元（其中包括工商罚款5万元和合同违约金8万元）。

⑦ 全年计入成本、费用中的合理的工资支出620万元；拨缴的工会经费16万元；实际发生的职工福利费80万元，支出的职工教育经费45万元。

企业无允许弥补的以前年度亏损。

2. 实训要求

请计算云城伟业智能装备制造有限公司2024年应纳企业所得税额。

学习效果测评

项目测评表

知识测评		
知识点	评价指标	自评结果
知识点1	1.	□A⁺　□A　□B　□C　□C⁻
	2.	□A⁺　□A　□B　□C　□C⁻
	3.	□A⁺　□A　□B　□C　□C⁻
知识点2	1.	□A⁺　□A　□B　□C　□C⁻
	2.	□A⁺　□A　□B　□C　□C⁻
	3.	□A⁺　□A　□B　□C　□C⁻

续表

能力测评			
技能点	评价指标		自评结果
技能点 1	1.		□A^+　□A　□B　□C　□C^-
	2.		□A^+　□A　□B　□C　□C^-
	3.		□A^+　□A　□B　□C　□C^-
技能点 2	1.		□A^+　□A　□B　□C　□C^-
	2.		□A^+　□A　□B　□C　□C^-
	3.		□A^+　□A　□B　□C　□C^-
素养测评			
素养点	评价指标		自评结果
素养点 1	1.		□A^+　□A　□B　□C　□C^-
	2.		□A^+　□A　□B　□C　□C^-
	3.		□A^+　□A　□B　□C　□C^-
素养点 2	1.		□A^+　□A　□B　□C　□C^-
	2.		□A^+　□A　□B　□C　□C^-
	3.		□A^+　□A　□B　□C　□C^-
薄弱项记录			
我掌握得不太好的知识			
我还没有掌握的技能			
我想提升的素养			
教师签字			

项目十一　认识个人所得税

项目背景

个人所得税是对个人取得的各项应税所得征收的一种所得税,是世界各国普遍开征的一个税种。个人所得税是国家财政收入的重要来源,也是调节个人收入分配、实现社会公平的有效手段。个人所得税与我们每个人的生活息息相关。了解个人所得税的相关知识,不仅可以帮助我们更好地规划个人财务,还能让我们在享受国家发展红利的同时,履行公民应尽的义务。

本项目将帮助学习者认识个人所得税的税率结构、纳税义务人的具体规定以及相关的税收优惠政策,学会计算个人所得税应纳税额,了解个人所得税的征收流程与监管机制。

学习目标

◆ **知识目标**

了解个人所得税的基本概念、特点及其在社会经济中的作用;
理解个人所得税纳税义务人的具体规定以及相关的税收优惠政策;
掌握个人所得税应纳税额的计算方法;
熟悉个人所得税的征收管理规定。

◆ **能力目标**

能准确识别不同类型的个人所得税纳税人;
能熟练计算个人所得税的应纳税所得额;
能清楚个人所得税纳税申报和代扣代缴流程。

◆ **素养目标**

引导学生树立正确的法治观念,培养诚信纳税的道德品质;

引导学生践行工匠精神，养成严谨细致、精益求精的工作态度；
引导学生学会合理规划个人收入和支出，培养良好的理财习惯。

工作场景与要求

财务部经理张森安排小明协助完成公司个人所得税的代扣代缴任务。为了完成该任务，他需要了解个人所得税的基本概念、税率、税前扣除标准等基础知识，及时了解最新的税收政策，学会正确计算个人所得税应纳税额，包括税前扣除、适用税率等，能如实填报相关信息，掌握个人所得税代扣代缴、自行申报和汇算清缴等技能。

任务一 个人所得税相关概念

一、任务导入

张森告诉小明，虽然小明尚未毕业，但是他在实习期间取得了公司支付的报酬，也需要缴纳个人所得税。小明这才意识到，即使自己目前还是在校学生身份，在取得收入时也需要考虑税务问题，这是他作为即将步入社会的个体需要学习和适应的一部分。

请问个人所得税的征税范围是什么？为什么实习期间取得的报酬也要缴纳个人所得税？

二、知识准备

个人所得税是调节收入分配、实现社会公平的重要工具，也是政府重要的财政收入来源之一。个人所得税是世界各国普遍征收的一个税种。

（一）个人所得税的含义

个人所得税是国家对本国公民、居住在本国境内的个人的所得以及境外个人来源于本国的所得征收的一种所得税。我国的个人所得税具有分类征收、累进税率与比例税率并用、费用扣除额较宽、源泉扣缴和自行申报纳税等特点。

我国个人所得税的特点

（二）个人所得税纳税人及扣缴义务人

1. 个人所得税纳税人

我国依据住所和居住时间两个标准，将个人所得税的纳税人分为居民个人和非居民个人两大类，各自承担不同的纳税义务。

1) 居民个人

在中国境内有住所，或者无住所而一个纳税年度内在中国境内居住累计满一百八十三天的个人，为居民个人。居民个人从中国境内和境外取得的所得，依照个人所得税法规定缴纳个人所得税。

2) 非居民个人

在中国境内无住所又不居住，或者无住所而一个纳税年度内在中国境内居住累计不满一百八十三天的个人，为非居民个人。非居民个人从中国境内取得的所得，依照个人所得税法规定缴纳个人所得税。

2. 扣缴义务人

我国实行个人所得税代扣代缴和个人自行申报纳税相结合的征收管理制度。个人所得税以所得人为纳税人，以支付所得的单位或者个人为扣缴义务人。扣缴义务人负有代扣代缴个人所得税的法定责任。

纳税人有中国公民身份号码的，以中国公民身份号码为纳税人识别号；纳税人没有中国公民身份号码的，由税务机关赋予其纳税人识别号。扣缴义务人扣缴税款时，纳税人应当向扣缴义务人提供纳税人识别号。扣缴义务人应当按照国家规定办理全员全额扣缴申报，并向纳税人提供其个人所得和已扣缴税款等信息。

（三）个人所得税征税范围

个人所得税的征税范围是个人取得的应税所得。按照个人所得税法规定，下列各项个人所得，应当缴纳个人所得税：

① 工资、薪金所得；
② 劳务报酬所得；
③ 稿酬所得；
④ 特许权使用费所得；
⑤ 经营所得；
⑥ 利息、股息、红利所得；
⑦ 财产租赁所得；
⑧ 财产转让所得；

⑨ 偶然所得。

居民个人取得以上第一项至第四项所得，按纳税年度合并计算个人所得税；非居民个人取得以上第一项至第四项所得，按月或者按次分项计算个人所得税。纳税人取得以上第五项至第九项所得，依照个人所得税法分别计算个人所得税。

个人所得税
征税范围详解

（四）个人所得税税率

1. 综合所得的适用税率

综合所得包括工资、薪金所得，劳务报酬所得，稿酬所得，特许权使用费所得，适用3%至45%的超额累进税率。具体税率分为七个等级，从3%到45%不等，具体如表11-1所示。

表11-1 综合所得适用税率（按年）

级数	全年应纳税所得额	税率	速算扣除数
1	不超过36 000元的	3%	0
2	超过36 000元至144 000元的部分	10%	2 520
3	超过144 000元至300 000元的部分	20%	16 920
4	超过300 000元至420 000元的部分	25%	31 920
5	超过420 000元至660 000元的部分	30%	52 920
6	超过660 000元至960 000元的部分	35%	85 920
7	超过960 000元的部分	45%	181 920

2. 经营所得的适用税率

经营所得包括个体工商户的生产、经营所得和对企事业单位的承包经营、承租经营所得。适用5%至35%的超额累进税率，具体如表11-2所示。

表11-2 经营所得适用税率（按年）

级数	全年应纳税所得额	税率	速算扣除数
1	不超过30 000元的	5%	0
2	超过30 000元至90 000元的部分	10%	1 500
3	超过90 000元至300 000元的部分	20%	10 500
4	超过300 000元至500 000元的部分	30%	40 500
5	超过500 000元的部分	35%	65 500

3. 利息、股息、红利所得，财产租赁所得，财产转让所得和偶然所得的适用税率

利息、股息、红利所得，财产租赁所得，财产转让所得和偶然所得，适用20%的比例税率。

（五）个人所得税税收优惠

1. 法定免税项目

下列各项个人所得，免征个人所得税：

① 省级人民政府、国务院部委和中国人民解放军军以上单位，以及外国组织、国际组织颁发的科学、教育、技术、文化、卫生、体育、环境保护等方面的奖金；
② 国债和国家发行的金融债券利息；
③ 按照国家统一规定发给的补贴、津贴；
④ 福利费、抚恤金、救济金；
⑤ 保险赔款；
⑥ 军人的转业费、复员费、退役金；
⑦ 按照国家统一规定发给干部、职工的安家费、退职费、基本养老金或者退休费、离休费、离休生活补助费；
⑧ 依照有关法律规定应予免税的各国驻华使馆、领事馆的外交代表、领事官员和其他人员的所得；
⑨ 中国政府参加的国际公约、签订的协议中规定免税的所得；
⑩ 国务院规定的其他免税所得。

2. 法定减税项目

有下列情形之一的，可以减征个人所得税，具体幅度和期限，由省、自治区、直辖市人民政府规定，并报同级人民代表大会常务委员会备案：

① 残疾、孤老人员和烈属的所得；
② 因自然灾害遭受重大损失的。

三、任务处理

个人所得税是国家以个人取得的各项应税所得为征税对象征收的一种税。按照我国个人所得税法规定，取得下列各项个人所得，应当缴纳个人所得税：工资、薪金所得；劳务报酬所得；稿酬所得；特许权使用费所得；经营所得；利息、股息、红利所得；财产租赁所得；财产转让所得；偶然所得。

工资、薪金所得和劳务报酬所得的区别主要在于是否与用人单位有任职、受雇的关系。工资、薪金所得是指个人因任职或受雇取得的工资、薪金、奖金、年终加薪、劳动

分红、津贴、补贴以及与任职或受雇有关的其他所得。劳务报酬所得是指个人从事劳务取得的所得。

实习期间，学生为公司提供劳务，公司支付的报酬属于劳务报酬所得。根据个人所得税法规定，劳务报酬所得是个人所得税的征税对象之一，所以应按规定缴纳个人所得税。通常公司在支付报酬时会进行预扣预缴，即在发放报酬前先行计算并扣除应缴纳的税款，以确保税务合规。

四、任务实践

个人所得税的有效征收和管理对于国家的长期发展至关重要，它不仅关系到国家财政的稳定，也关系到社会的公平与正义。因此，各国政府通常会不断优化个人所得税政策，以适应经济社会的变化和发展需求。请查阅相关资料，梳理和分析我国个人所得税的发展历程，以及未来改革的方向。

任务二　个人所得税应纳税额的计算

一、任务导入

财务部经理张森为独生子女。2024年1月的税前工资、薪金收入总额为40 000元，个人负担基本养老保险3 200元、基本医疗保险800元、失业保险200元、住房公积金4 000元，"三险一金"合计8 200元。张森每月赡养老人专项附加扣除金额为3 000元，住房贷款利息专项附加扣除金额为1 000元，除此之外没有其他专项附加扣除和依法确定的其他扣除。同时，张森1月从兼职单位甲公司取得一次性劳务报酬收入10 000元，从乙出版社取得一次性稿酬收入20 000元。上述收入均为税前收入，且均来源于中国境内。

基于以上资料，张森1月份个人所得税的预扣预缴金额是多少？

二、知识准备

个人所得税的计算涉及应纳税所得额、税率和速算扣除数等。不同类型所得的税率和计算方法不同，应当根据实际情况选择合适的计算方法和税率。

（一）居民个人综合所得应纳税额计算

1. 居民个人综合所得应纳税额

居民个人综合所得应纳税额的计算公式如下：

（年）应纳税额＝（年）应纳税所得额×适用税率－速算扣除数
（年）应纳税所得额＝（年）累计收入－（年）减除费用、专项扣除、专项附加扣除和依法确定的其他扣除
（年）累计收入＝（年）累计工资、薪金收入额＋（年）累计劳务报酬收入额＋（年）累计稿酬收入额＋（年）累计特许权使用费收入额

1）居民个人综合所得收入额的确定

工资、薪金收入额，是指一个纳税年度个人工资、薪金收入减除个人所得税法规定的免税收入后的余额。

劳务报酬收入额、特许权使用费收入额，是指每次收入减除其20%的费用后的余额。

收入总额的确定

稿酬收入额，是指在每次收入减除其20%的费用后的余额基础上减按70%计算后的余额。

2）减除费用

每人每年扣除限额为6万元，即每人每月为5 000元。

3）专项扣除

专项扣除指居民个人按照国家规定的范围和标准缴纳的基本养老保险、基本医疗保险、失业保险等社会保险费和住房公积金等，不包括生育保险、工伤保险及个人缴纳的其他商业保险。

4）专项附加扣除

专项附加扣除包括子女教育、继续教育、大病医疗、住房贷款利息或住房租金、赡养老人、3岁以下婴幼儿照护等支出。具体范围、标准和实施步骤由国务院确定，并报全国人民代表大会常务委员会备案。

① 子女教育。现行的子女教育专项附加扣除类型、标准及方式如表11-3所示。

表11-3 子女教育专项附加扣除规定

项目内容			具体内容
准予扣除的子女教育类型	学前教育		年满3周岁当月至小学入学前1个月的教育
	全日制学历教育	义务教育	小学、初中教育
		高中阶段教育	普通高中、中等职业、技工教育
		高等教育	大学专科、大学本科、硕士研究生、博士研究生教育
			【注意】① 学历教育为入学的当月至全日制学历教育结束的当月；② 学历教育期间包含因病或其他非主观原因休学但学籍继续保留的休学期间，以及施教机构按规定组织实施的寒暑假等假期

续表

项目内容	具体内容
扣除标准	每个子女每月定额 2 000 元
扣除方式	① 父母其中一方按扣除标准的 100% 扣除；② 双方分别按扣除标准的 50% 扣除。具体扣除方式一经确定在一个纳税年度内不能变更
备查资料	纳税人子女在中国境内接受教育的，不需要纳税人保留资料；纳税人子女在中国境外接受教育的，应当留存境外学校录取通知书、留学签证等相关教育的证明资料

② 继续教育。现行的继续教育专项附加扣除类型、标准及方式如表 11-4 所示。

表 11-4 继续教育专项附加扣除规定

项目内容		具体内容
准予扣除的继续教育类型与标准	学历（学位）继续教育	按每月 400 元定额扣除。入学的当月至学历（学位）继续教育结束的当月，同一学历（学位）继续教育的扣除期限不能超过 48 个月
	职业资格继续教育	技能人员职业资格继续教育、专业技术人员职业资格继续教育，在取得相关证书的当年，按 3 600 元定额扣除
扣除方式		个人接受本科及以下学历（学位）继续教育，符合《个人所得税专项附加扣除暂行办法》的，可由其父母扣除，也可由本人扣除
备查资料		接受技能人员职业资格继续教育、专业技术人员职业资格继续教育的，应留存相关证书等资料

③ 大病医疗。现行的大病医疗专项附加扣除适用范围、标准、方式及时间等如表 11-5 所示。

表 11-5 大病医疗专项附加扣除规定

项目内容	具体内容
适用范围	在一个纳税年度内，纳税人发生的与基本医保相关的医药费用支出，扣除医保报销后个人负担（指医保目录范围内的自付部分）累计超过 15 000 元的部分
扣除标准	医疗保障信息系统记录的医药费用实际支出的当年，在每年 8 万元限额内据实扣除
扣除方式	纳税人发生的医药费用支出可由本人或者其配偶扣除；未成年子女发生的医药费用支出可以由其父母一方扣除
扣除时间	医疗保障信息系统记录的医药费用实际支出的当年，由纳税人在办理年度汇算清缴时扣除
备查资料	留存医药服务收费及医保报销相关票据原件（或者复印件）等资料

④ 住房贷款利息。现行的住房贷款利息专项附加扣除适用范围、标准、方式等如表 11-6 所示。

表 11-6　住房贷款利息专项附加扣除规定

项目内容	具体内容
适用范围	纳税人本人或配偶单独或共同使用商业银行或住房公积金个人住房贷款为本人或其配偶购买中国境内住房，发生的首套住房贷款利息支出
扣除标准	在实际发生贷款利息的年度，按每月 1 000 元的标准定额扣除。 贷款合同约定开始还款的当月至贷款全部归还或贷款合同终止的当月，扣除期限最长不超过 240 个月；只能享受一次首套住房贷款的利息扣除
扣除方式	经夫妻双方约定，可以选择由其中一方扣除。夫妻双方婚前分别购买住房发生的首套住房贷款，其贷款利息支出，婚后可以选择其中一套购买的住房，由购买方按扣除标准的 100% 扣除，也可以由夫妻双方对各自购买的住房分别按扣除标准的 50% 扣除
备查资料	住房贷款合同、贷款还款支出凭证

⑤ 住房租金。现行的住房租金专项附加扣除适用范围、标准等如表 11-7 所示。

表 11-7　住房租金专项附加扣除规定

项目内容	具体内容	
适用范围	纳税人在主要工作城市没有自有住房而发生的住房租金支出	
扣除标准	直辖市、省会（首府）城市、计划单列市以及国务院确定的其他城市	每月 1 500 元
	市辖区户籍人口超过 100 万的城市（除前列城市外）	每月 1 100 元
	市辖区户籍人口不超过 100 万的城市（除前列城市外）	每月 800 元
扣除人	由签订租赁住房合同的承租人扣除	
扣除期	租赁合同（协议）约定的房屋租赁期开始的当月至租赁期结束的当月；提前终止合同（协议）的，以实际租赁期限为准	
备查资料	住房租赁合同、协议等有关资料	

⑥ 赡养老人。现行的赡养老人专项附加扣除适用范围、标准如表 11-8 所示。

表 11-8　赡养老人专项附加扣除规定

项目内容	具体内容		
适用范围	年满 60 岁的父母，以及子女均已去世的年满 60 岁的祖父母、外祖父母		
扣除标准	独生子女		按每月 3 000 元的标准定额扣除。赡养 2 个及以上老人的，不能按老人人数加倍扣除；夫妻双方可以分别扣除双方赡养老人的支出
	非独生子女	分摊金额	与兄弟姐妹分摊每月 3 000 元的扣除额度，每人分摊的额度不能超过每月 1 500 元

续表

项目内容	具体内容		
扣除标准	非独生子女	分摊方式	平均分摊、赡养人约定分摊、被赡养人指定分摊
		优先级	指定分摊优先于约定分摊

⑦ 3 岁以下婴幼儿照护。现行的 3 岁以下婴幼儿照护专项附加扣除适用范围、标准、方式等如表 11-9 所示。

表 11-9　3 岁以下婴幼儿照护专项附加扣除规定

项目内容	具体内容
适用范围	纳税人照护 3 岁以下婴幼儿子女的相关支出
扣除标准	按照每个婴幼儿每月 2 000 元的标准定额扣除
扣除方式	父母可以选择由其中一方按扣除标准的 100% 扣除，也可以选择由双方分别按扣除标准的 50% 扣除。具体扣除方式在一个纳税年度内不能变更
备查资料	子女的出生医学证明等资料

5）其他扣除项目

其他扣除项目包括个人缴付的符合国家规定的企业年金、职业年金，个人购买的符合国家规定的商业健康保险、税收递延型商业养老保险的支出，以及国务院规定可以扣除的其他项目。

其他扣除项目的
个人所得税
处理规定

2. 居民个人综合所得预扣预缴

1）工资、薪金所得预扣预缴

由扣缴义务人向居民个人支付工资、薪金所得时，按照累计预扣法计算预扣税款。本期应预扣预缴税额的计算公式如下：

本期应预扣预缴税额 = 累计预扣预缴应纳税所得额 × 预扣率 − 速算扣除数 − 累计减免税额 − 累计已预扣预缴税额

累计预扣预缴应纳税所得额 = 累计收入 − 累计免税收入 − 累计减除费用 − 累计专项扣除 − 累计专项附加扣除 − 累计依法确定的其他扣除

2）劳务报酬、稿酬、特许权使用费所得预扣预缴

扣缴义务人向居民个人支付劳务报酬、稿酬、特许权使用费所得时，按次或者按月根据预扣预缴应纳税所得额乘以适用预扣率计算应预扣预缴税额。具体公式如下：

劳务报酬所得应预扣预缴税额 = 预扣预缴应纳税所得额 × 预扣率 − 速算扣除数

不并入综合
所得的工资、
薪金所得税额计算

稿酬所得、特许权使用费所得应预扣预缴税额＝预扣预缴应纳税所得额×20%

其中，劳务报酬所得、稿酬所得、特许权使用费所得以收入减除费用后的余额为预扣预缴应纳税所得额；稿酬所得，可以在减除费用的基础上，再减按70%计算。减除费用按下列规定执行：每次收入不超过4 000元的，减除费用按800元计算；每次收入在4 000元以上的，减除费用按20%计算。

居民个人办理年度综合所得汇算清缴时，应当依法计算劳务报酬所得、稿酬所得、特许权使用费所得的收入额，并入年度综合所得计算应纳税额，多退少补。

（二）非居民个人工资、薪金，劳务报酬，稿酬及特许权使用费所得应纳税额计算

非居民个人工资、薪金所得，劳务报酬所得，稿酬所得及特许权使用费所得的个人所得税，一般由扣缴义务人按月或者按次代扣代缴。

非居民个人的工资、薪金所得，以每月收入额减除费用5 000元后的余额为应纳税所得额，适用按月换算后的综合所得税税率计算应纳税额。非居民个人的劳务报酬所得、稿酬所得、特许权使用费所得以每次收入额为应纳税所得额，适用按月换算后的综合所得税税率计算应纳税额。其中，劳务报酬所得、稿酬所得、特许权使用费所得以收入减除20%的费用后的余额为收入额；稿酬所得的收入额再减按70%计算。

非居民个人在一个纳税年度内税款扣缴方法保持不变，当达到居民个人条件时，年度终了后应按照居民个人有关规定办理汇算清缴。

（三）经营所得应纳税额计算

查账征收经营所得应纳税额实行按年计算、分月或分季预缴、年终汇算清缴、多退少补的方法。

年应纳税额＝年应纳税所得额×适用税率－速算扣除数

汇算清缴税额＝年应纳税额－年累计已预缴税额

应纳税所得额为一个纳税年度的收入总额减除成本、费用以及损失后的余额。其中，成本、费用是指生产、经营活动中发生的各项直接支出和分配计入成本的间接费用以及销售费用、管理费用、财务费用；损失是指生产、经营活动中发生的固定资产和存货的盘亏、毁损、报废损失，转让财产损失，坏账损失，自然灾害等不可抗力因素造成的损失以及其他损失。取得经营所得的个人，没有综合所得的，计算其每一纳税年度的应纳税所得额时，应当减除费用6万元、专项扣除、专项附加扣除以及依法确定的其他扣除。

（四）财产租赁所得应纳税额计算

财产租赁所得按次计征个人所得税，其所得以1个月内取得的收入为一次。其应纳税额计算公式如下：

（次）应纳税额＝（次）应纳税所得额×适用税率

其中，应纳税所得额为每次取得的收入，定额或定率减除规定费用后的余额。个人出租财产取得的财产租赁收入，依次扣除财产租赁过程中缴纳的税费、转租时向出租方支付的租金、由纳税人负担的该出租财产实际开支的修缮费用以及税法规定的费用扣除。其中，修缮费用以每次 800 元为限，一次扣不完的，准予在下一次继续扣除，直到扣完为止。税法规定的费用扣除，每次收入不超过 4 000 元的，定额减除费用 800 元；每次收入在 4 000 元以上的，定率减除收入额的 20%。

① 每次收入不超过 4 000 元的：

应纳税所得额＝每次（月）收入额－准予扣除项目－修缮费用（800 元为限）－800

② 每次收入在 4 000 元以上的：

应纳税所得额＝[每次（月）收入额－准予扣除项目－修缮费用（800 元为限）]×（1－20%）

（五）财产转让所得应纳税额计算

财产转让所得按次计征个人所得税，以一件财产的所有权一次转让取得的收入为一次。其应纳税额计算公式如下：

（次）应纳税额＝（次）应纳税所得额×适用税率

其中，应纳税所得额为每次收入额扣除财产原值和合理费用后的余额。财产转让所得中允许扣除的财产原值应根据不同财产确定：有价证券原值为买入价以及买入时按规定缴纳的有关费用；建筑物原值为建造费或者购进价格以及其他有关费用；土地使用权原值为取得土地使用权所支付的金额、开发土地的费用以及其他有关费用；机器设备、车船原值为购进价格、运输费、安装费以及其他有关费用；其他财产原值参照以上方法确定。如果纳税人未提供完整、准确的财产原值凭证，不能按上述方法确定财产原值的，由主管税务机关核定其财产原值。财产转让所得中允许减除的合理费用，是指卖出财产时按照规定支付的有关税费。

（六）利息、股息、红利所得及偶然所得应纳税额计算

利息、股息、红利所得及偶然所得以个人每次取得的收入额为应纳税所得额，不得扣除任何费用。利息、股息、红利所得及偶然所得应纳税额计算公式如下：

应纳税额＝每次收入额×适用税率

每次收入额是指支付单位或个人支付利息、股息、红利时，个人所取得的收入。对于股份制企业在分配股息、红利时，以股票形式向股东个人支付应得的股息、红利，应以红股的股票票面金额为收入额计征个人所得税。偶然所得以每次取得该项收入为一次。

三、任务处理

根据本任务导入中的资料，2024 年 1 月份张森从云城伟业智能装备制造有限公司取

得的工资、薪金所得，应由云城伟业智能装备制造有限公司预扣预缴个人所得税。工资、薪金所得应纳税所得额＝税前工资、薪金收入－免征额－"三险一金"扣除－专项附加扣除＝40 000元－5 000元－8 200元－（3 000元＋1 000元）＝22 800元。张森的工资、薪金所得预扣率为3％，速算扣除数为0。张森1月工资、薪金所得应由云城伟业智能装备制造有限公司预扣预缴的个人所得税＝工资、薪金所得预扣预缴应纳税所得额×预扣率－速算扣除数＝22 800元×3％－0＝684元。

张森从甲公司取得的劳务报酬所得，应由甲公司预扣预缴个人所得税。劳务报酬所得应纳税所得额＝劳务报酬收入×（1－20％）＝10 000元×80％＝8 000元。张森的劳务报酬所得预扣率为20％，速算扣除数为0。张森本次劳务报酬所得应由甲公司预扣预缴的个人所得税＝劳务报酬所得预扣预缴应纳税所得额×预扣率－速算扣除数＝8 000元×20％－0＝1 600元。

张森从乙出版社取得的稿酬所得，应由乙出版社预扣预缴个人所得税。稿酬所得应纳税所得额＝稿酬收入×（1－20％）×70％＝20 000元×80％×70％＝11 200元。张森的稿酬所得预扣率为20％。张森本次稿酬所得应由乙出版社预扣预缴的个人所得税＝稿酬所得预扣预缴应纳税所得额×20％＝11 200元×20％＝2 240元。

四、任务实践

李某为云城伟业智能装备制造有限公司的高级管理人员，某年度其收入情况如下：

① 每月从云城伟业智能装备制造有限公司取得税前工资、薪金收入25 000元；向丙公司转让自己的专利的使用权，取得税前收入35 000元；受托为丁公司做工程设计，获得税前工程设计收入40 000元；

② 取得股票转让收益20 000元；

③ 彩票中奖获得税前奖金收入50 000元。

李某全年专项扣除、专项附加扣除和依法确定的其他扣除共计50 000元。

要求：计算李某全年应缴纳的个人所得税。

任务三　个人所得税的征收管理

一、任务导入

云城伟业智能装备制造有限公司销售部员工李某告诉小明，他参加了某商场举行的有奖销售活动，很幸运中了一等奖，获得50 000元的奖金。

请问中奖是否需要缴纳个人所得税？如果发奖方未扣缴个人所得税，李某需要自行申报个人所得税吗？

二、知识准备

目前我国个人所得税采用自行申报与扣缴申报相结合的征收方式。

（一）扣缴申报

个人所得税以所得人为纳税义务人，以支付所得的单位或者个人为扣缴义务人。扣缴义务人应当依法办理全员全额扣缴申报。全员全额扣缴申报，是指扣缴义务人应当在代扣税款的次月15日内，向主管税务机关报送其支付所得的所有个人的有关信息、支付所得数额、扣除事项和数额、扣缴税款的具体数额和总额以及其他相关涉税信息资料。扣缴义务人每月或者每次预扣、代扣的税款，应当在次月15日内缴入国库，并向税务机关报送扣缴个人所得税申报表。

实行个人所得税全员全额扣缴申报的应税所得包括：工资、薪金所得；劳务报酬所得；稿酬所得；特许权使用费所得；利息、股息、红利所得；财产租赁所得；财产转让所得；偶然所得。

扣缴义务人首次向纳税人支付所得时，应当按照纳税人提供的纳税人识别号等基础信息，填写《个人所得税基础信息表（A表）》，并于次月扣缴申报时向税务机关报送。扣缴义务人对纳税人向其报告的相关基础信息变化情况，应当于次月扣缴申报时向税务机关报送。扣缴义务人向居民个人支付工资、薪金所得时，应当按照累计预扣法计算预扣税款，并按月办理扣缴申报。

（二）自行申报

自行申报纳税，是由纳税人自行在税法规定的纳税期限内，向税务机关申报取得的应税所得项目和数额，如实填写个人所得税纳税申报表，并按照税法规定计算应纳税额，据此缴纳个人所得税。

1. 自行申报范围

依据个人所得税相关规定，纳税人有下列情形之一的，应按规定自行办理纳税申报：

① 取得综合所得需要办理汇算清缴；
② 取得应税所得没有扣缴义务人；
③ 取得应税所得，扣缴义务人未扣缴税款；
④ 取得境外所得；
⑤ 因移居境外注销中国户籍；
⑥ 非居民个人在中国境内从两处以上取得工资、薪金所得；
⑦ 国务院规定的其他情形。

2. 取得综合所得需要办理汇算清缴的纳税申报

取得综合所得且符合下列情形之一的纳税人，应当依法办理汇算清缴：

① 从两处以上取得综合所得，且综合所得年收入额减除专项扣除的余额超过6万元；

② 纳税年度内预缴税额低于应纳税额；

③ 纳税人申请退税。

需要办理汇算清缴的纳税人，应当在取得所得的次年3月1日至6月30日，向任职、受雇单位所在地主管税务机关办理纳税申报，并报送《个人所得税年度自行纳税申报表》。纳税人有两处以上任职、受雇单位的，选择向其中一处任职、受雇单位所在地主管税务机关办理纳税申报；纳税人没有任职、受雇单位的，向户籍所在地或经常居住地主管税务机关办理纳税申报。

纳税人办理综合所得汇算清缴，应当准备与收入、专项扣除、专项附加扣除、依法确定的其他扣除、捐赠、享受税收优惠等相关的资料，并按规定留存备查或报送。

3. 取得经营所得的纳税申报

纳税人取得经营所得，按年计算个人所得税，由纳税人在月度或季度终了后15日内，向经营管理所在地主管税务机关办理预缴纳税申报。在取得所得的次年3月31日前，向经营管理所在地主管税务机关办理汇算清缴；从两处以上取得经营所得的，选择向其中一处经营管理所在地主管税务机关办理年度汇总申报。

4. 取得应税所得，扣缴义务人未扣缴税款的纳税申报

居民个人取得综合所得的，按照取得综合所得需要办理汇算清缴的纳税申报规定处理。非居民个人取得工资、薪金所得，劳务报酬所得，稿酬所得，特许权使用费所得的，应在取得所得的次年6月30日前，向扣缴义务人所在地主管税务机关办理纳税申报。非居民个人有两个以上扣缴义务人，且均未扣缴税款的，选择向其中一处扣缴义务人所在地主管税务机关办理纳税申报。非居民个人在次年6月30日前离境（临时离境除外）的，应当在离境前办理纳税申报。

纳税人取得利息、股息、红利所得，财产租赁所得，财产转让所得和偶然所得的，应当在取得所得的次年6月30日前，按相关规定向主管税务机关办理纳税申报。税务机关通知限期缴纳的，纳税人应当按照期限缴纳税款。

5. 取得境外所得的纳税申报

居民个人从中国境外取得所得的，应当在取得所得的次年3月1日至6月30日内，向中国境内任职、受雇单位所在地主管税务机关办理纳税申报；在中国境内没有任职、受雇单位的，向户籍所在地或中国境内经常居住地主管税务机关办理纳税申报；户籍所在地与中国境内经常居住地不一致的，选择其中一地主管税务机关办理纳税申报；在中国境内没有户籍的，向中国境内经常居住地主管税务机关办理纳税申报。

6. 因移居境外注销中国户籍的纳税申报

纳税人因移居境外注销中国户籍的，应当在申请注销中国户籍前，向户籍所在地主管税务机关办理纳税申报，进行税款清算。

7. 非居民个人在中国境内从两处以上取得工资、薪金所得的纳税申报

非居民个人在中国境内从两处以上取得工资、薪金所得的，应当在取得所得的次月 15 日内，向其中一处任职、受雇单位所在地主管税务机关办理纳税申报。

个人所得税 APP 简介

三、任务处理

偶然所得，是指个人得奖、中奖、中彩以及其他偶然性质的所得。商场有奖销售中奖属于偶然所得，应以中奖金额为应纳税所得额，按 20% 税率缴纳个人所得税，且主办促销活动的商家负有代扣代缴个人所得税的义务。按照《中华人民共和国个人所得税法》的规定，纳税人取得应税所得，扣缴义务人未扣缴税款的，纳税人应当在取得所得的次年 6 月 30 日前，缴纳税款；税务机关通知限期缴纳的，纳税人应当按照期限缴纳税款。因此李某需要自行办理纳税申报。

四、任务实践

下载个人所得税 APP 并注册，熟悉专项附加扣除、综合所得年度汇算、收入纳税明细查询、纳税记录开具等业务办理界面，掌握个税政策，学习使用个人所得税 APP 进行个人所得税的申报纳税。

 项目实训

1. 实训背景

云城伟业智能装备制造有限公司公关部有 3 名正式员工，财务部现需计算并发放 2024 年 1 月员工的工资、薪金和奖金等，并进行个人所得税预扣预缴纳税申报。公关部 3 名员工的工资、薪金及相关情况如表 11-10 所示。

表 11-10　2024 年 1 月公关部员工工资保险明细表　　　　　　　　单位：元

工号	姓名	应发工资合计	基本养老保险金	基本医疗保险金	失业保险金	住房公积金
001	张三	12 000	960	240	60	960

续表

工号	姓名	应发工资合计	基本养老保险金	基本医疗保险金	失业保险金	住房公积金
002	李四	17 000	1 360	340	85	1 360
003	王五	6 650	532	133	33.25	532

① 张三的专项附加扣除信息如下：已婚，育有一女（上小学二年级），2020年按首套住房贷款利率购买一套住房，办理了30年的商业贷款；子女教育按照张三与妻子各50%进行扣除，住房贷款由张三一人全额扣除。

② 李四的专项附加扣除信息如下：已婚，育有一子（上大一），妻子是"全职太太"，故子女教育由李四一人全额扣除；李四与弟弟共同赡养70岁的母亲，两人商定赡养老人专项附加扣除按照规定进行平均分摊。

③ 王五专项附加扣除信息如下：单身，目前在省会城市的某小区租房居住，租赁合同上约定的租赁时间为2023年12月至2024年12月。

2. 实训要求

（1）了解个人所得税预扣预缴新规定，掌握专项附加扣除相关标准。

（2）根据以上资料计算公关部的3名正式员工1月份应由云城伟业智能装备制造有限公司预扣预缴的个人所得税。

学习效果测评

项目测评表

知识测评		
知识点	评价指标	自评结果
知识点1	1.	□A⁺ □A □B □C □C⁻
	2.	□A⁺ □A □B □C □C⁻
	3.	□A⁺ □A □B □C □C⁻
知识点2	1.	□A⁺ □A □B □C □C⁻
	2.	□A⁺ □A □B □C □C⁻
	3.	□A⁺ □A □B □C □C⁻
能力测评		
技能点	评价指标	自评结果
技能点1	1.	□A⁺ □A □B □C □C⁻
	2.	□A⁺ □A □B □C □C⁻
	3.	□A⁺ □A □B □C □C⁻

续表

能力测评			
技能点	评价指标		自评结果
技能点2	1.		☐A⁺ ☐A ☐B ☐C ☐C⁻
	2.		☐A⁺ ☐A ☐B ☐C ☐C⁻
	3.		☐A⁺ ☐A ☐B ☐C ☐C⁻
素养测评			
素养点	评价指标		自评结果
素养点1	1.		☐A⁺ ☐A ☐B ☐C ☐C⁻
	2.		☐A⁺ ☐A ☐B ☐C ☐C⁻
	3.		☐A⁺ ☐A ☐B ☐C ☐C⁻
素养点2	1.		☐A⁺ ☐A ☐B ☐C ☐C⁻
	2.		☐A⁺ ☐A ☐B ☐C ☐C⁻
	3.		☐A⁺ ☐A ☐B ☐C ☐C⁻
薄弱项记录			
我掌握得不太好的知识			
我还没有掌握的技能			
我想提升的素养			
教师签字			

参 考 文 献

[1] 全国人民代表大会常务委员会．中华人民共和国会计法［EB/OL］．（2024-06-28）[2024-07-29]．https：//flk.npc.gov.cn/detail2.html?ZmY4MDgxODE4ZDZhNDYzOTAxOTE2ODZkY2E5OTUyYmY%3D．

[2] 中华人民共和国财政部．企业会计准则——基本准则［EB/OL］．（2006-02-15）[2024-06-12]．https：//xj.mof.gov.cn/caizhengjiancha/200805/t20080524_40447.htm．

[3] 全国人民代表大会常务委员会．中华人民共和国税收征收管理法［EB/OL］．（2015-04-24）[2024-07-11]．https：//flk.npc.gov.cn/detail2.html?MmM5MDlmZGQ2NzhiZjE3OTAxNjc4YmY3OGNmZjA3ODU%3D．

[4] 国务院．中华人民共和国增值税暂行条例［EB/OL］．（2017-11-19）[2024-08-12]．https：//flk.npc.gov.cn/detail2.html?ZmY4MDgwODE2ZjNjYmIzYzAxNmY0MTE4NGY5YjE2ZDA%3D．

[5] 中华人民共和国财政部，国家税务总局．中华人民共和国增值税暂行条例实施细则［EB/OL］．（2011-10-29）[2024-07-10]．https：//fgk.chinatax.gov.cn/zcfgk/c102416/c5207148/content.html．

[6] 国务院．中华人民共和国消费税暂行条例［EB/OL］．（2018-11-10）[2024-07-12]．https：//flk.npc.gov.cn/detail2.html?ZmY4MDgwODE2ZjNjYmIzYzAxNmY0MTFhZWZmOTE3NjQ%3D．

[7] 中华人民共和国财政部，国家税务总局．中华人民共和国消费税暂行条例实施细则［EB/OL］．（2008-12-18）[2024-09-16]．https：//www.gov.cn/zhengce/2008-12/18/content_2603159.htm．

[8] 全国人民代表大会常务委员会．中华人民共和国企业所得税法［EB/OL］．（2018-12-29）[2024-09-16]．https：//flk.npc.gov.cn/detail2.html?ZmY4MDgwODE2ZjEzNWY0NjAxNmYyMTA2YWNkMTE3ODQ%3D．

[9] 全国人民代表大会常务委员会．中华人民共和国个人所得税法［EB/OL］．（2018-08-31）[2024-08-16]．https：//flk.npc.gov.cn/detail2.html?MmM5MDlmZGQ2NzhiZjE3OTAxNjc4YmY3MjRiZDA2MDk%3D．

[10] 程淮中．会计职业基础［M］．5版．北京：高等教育出版社，2021．

[11] 杨则文．纳税实务［M］．北京：中国财政经济出版社，2020．

[12] 梁文涛．税法［M］．6版．北京：中国人民大学出版社，2022．

［13］李会青，高欣，王蔚．基础会计实务［M］．4版．上海：上海财经大学出版社，2023．

［14］陈国辉，迟旭升．基础会计［M］．6版．大连：东北财经大学出版社，2018．

［15］康勇．财经基础知识与技能［M］．4版．北京：高等教育出版社，2022．

［16］财政部会计财务评价中心．经济法基础［M］．北京：经济科学出版社，2023．

［17］财政部会计财务评价中心．初级会计实务［M］．北京：经济科学出版社，2023．